AF751876

আল কুরআন:
একটি বিজ্ঞানের মানদন্ড ও মাপকাঠি

Al Quran : A Citation and Measurement for Science.

by
Muhammad Johirul Islam
Writer & Researcher

সূচিপত্র

উপকথা 05

- প্রেরণা ও উদ্দেশ্য
- ইসলামী জ্ঞান ও বৈজ্ঞানিক অনুসন্ধানের ঐতিহাসিক প্রেক্ষাপট

প্রথম অধ্যায়: ইসলামের ঐতিহ্য ও জ্ঞানচর্চা 07

1. ইসলামের ঐতিহ্যে জ্ঞান ও বিজ্ঞান
2. মুসলিম বিজ্ঞানীদের অবদান: ইতিহাসের উজ্জ্বল অধ্যায়
3. কোরআনের "ম্যানুয়াল" হিসেবে ভূমিকা

দ্বিতীয় অধ্যায়: ধর্ম ও বিজ্ঞান—এক অপরের পরিপূরক 10

1. ধর্মীয় দিক: আধ্যাত্মিক ও নৈতিক নির্দেশনা
2. বৈজ্ঞানিক দিক: পর্যবেক্ষণ, পরীক্ষা ও প্রযুক্তি উদ্ভাবন
3. "কিভাবে" ও "কেন" প্রশ্নের সমন্বয়

তৃতীয় অধ্যায়: কোরআন ও মহাবিশ্বের সৃষ্টি 13

1. মহাবিশ্বের সৃষ্টি (Big Bang Theory)
   - সুরা আল-আম্বিয়া (২১:৩০)
2. মহাবিশ্বের সম্প্রসারণ
   - সুরা আয-যারিয়াত (৫১:৪৭)
3. আলোর সৃষ্টি ও অন্ধকারের সৃষ্টি
   - সুরা আল-আন'আম (৬:১)

চতুর্থ অধ্যায়: প্রাকৃতিক প্রতিরক্ষামূলক ব্যবস্থাসমূহ 21

1. আকাশে অদৃশ্য বাধা (Ozone Layer)
   - সুরা আল-আম্বিয়া (২১:৩২)
2. পাহাড়ের শিকড়
   - সুরা আন-নাবা (৭৮:৬-৭)
3. উচ্চতায় অক্সিজেনের অভাব
   - সুরা আল-আন'আম (৬:১২৫)

পঞ্চম অধ্যায়: জীববিজ্ঞান ও মানব দেহ 27

1. ভ্রূণের বিকাশ
   - সুরা আল-মুমিনুন (২৩:১২-১৪)
2. মানবদেহে পানির ভূমিকা
   - সুরা আল-ফুরকান (২৫:৫৪)
3. মানুষের আঙুলের ছাপ
   - সুরা আল-কিয়ামাহ (৭৫:৩-৪)
4. মানব মস্তিষ্কের সামনের অংশ
   - সুরা আল-আলাক (৯৬:১৫-১৬)

ষষ্ঠ অধ্যায়: মহাকাশ ও জ্যোতির্বিজ্ঞান 34

1. মহাজাগতিক কক্ষপথ (Celestial Orbits)
  - সুরা ইয়াসিন (৩৬:৪০)
2. মহাকাশ ও সমুদ্রের অন্ধকার: কুরআনের নির্দেশনা ও বৈজ্ঞানিক বাস্তবতা
  - সুরা আন-নুর (২৪:৪০)
3. নক্ষত্রের মৃত্যু (Supernova)
  - সুরা আন-নাজম (৫৩:৯)
4. শবে মেরাজ ও আপেক্ষিকতার তত্ত্ব
  - নবী করিম (সা.) এর অলৌকিক যাত্রা ও আপেক্ষিকতার প্রেক্ষাপট
5. পঞ্চম পয়েন্ট: মহাজাগতিক কক্ষপথ
6. ফেরেশতাদের গমন (সুরা মাআরিজ ৭০:৪) এবং সময়ের আপেক্ষিকতার ধারণা

সপ্তম অধ্যায়: সমুদ্র, মেঘ ও প্রাকৃতিক প্রক্রিয়া 42

1. মহাসাগরের স্রোত ও গভীর অন্ধকার
  - সুরা আন-নুর (২৪:৪০)
2. মহাসাগরের বাধা (Barrier between Seas)
  - সুরা আর-রহমান (৫৫:১৯-২০)
3. মেঘের ভার ও বৃষ্টিপাত
  - সুরা আর-রুম (৩০:৪৮)
4. সমুদ্রের জোয়ার ও চন্দ্রের প্রভাব
  - সুরা আর-রহমান (৫৫:৫-৭)

অষ্টম অধ্যায়: ভূতাত্ত্বিক ও প্রাকৃতিক দুর্যোগ 51

1. ভূমিকম্পের কারণ (Seismic Waves)
  - সুরা যিলযাল (৯৯:১-২)
2. উচ্চশব্দের প্রভাব (Sound Waves)
  - সুরা আন-নামল (২৭:৮৭)

নবম অধ্যায়: আয়রন ও অন্যান্য প্রাকৃতিক উপাদান 55

1. আয়রনের অবতরণ (Iron Sent Down)
  - সুরা আল-হাদিদ (৫৭:২৫)
2. জলচক্র, বায়ুপ্রবাহ ও খাদ্য শৃঙ্খল
3. প্রাণী ও উদ্ভিদের জেনেটিক প্রকৃতি

দশম অধ্যায়: কোরআনের আয়াত ও আধুনিক বিজ্ঞানের ১০০+ প্রমাণ 62

1. ১০০+ বৈজ্ঞানিক উদাহরণ ও বিশ্লেষণ
  - প্রতিটি উদাহরণে কোরআনের আয়াত ও তার আধুনিক বৈজ্ঞানিক ব্যাখ্যার তুলনা
2. বিজ্ঞান ও প্রযুক্তির মানব কল্যাণে প্রয়োগ 95
3. ভবিষ্যতের দৃষ্টিকোণ: বিজ্ঞান, প্রযুক্তি ও ইসলামের সমন্বয় 97

বিজ্ঞান ও কুরআনের সংযোগ: একটি সারসংক্ষেপ 98

- কোরআন: শুধু আধ্যাত্মিক দিকনির্দেশনা নয়, আধুনিক বিজ্ঞানের অবিচ্ছেদ্য উৎস
- মানব জীবন, কল্যাণ ও প্রযুক্তিতে এর প্রভাব ও গুরুত্ব

Abstract

"Al Quran: A Citation and Measurement for Science" by *Muhammad Johirul Islam* presents a comprehensive analytical study that explores the harmony between the verses of the Qur'an and modern scientific discoveries. The book delves into over 100 scientific phenomena—ranging from the creation of the universe, embryology, geology, oceanography, astrophysics, to human biology—and matches them with corresponding Qur'anic revelations.

Rather than positioning religion and science in opposition, the author demonstrates how Islam encourages scientific inquiry and moral reasoning side by side. The Qur'an is portrayed not only as a spiritual guide but also as a manual for intellectual exploration, ethical living, and understanding the natural world.

The author draws from the legacy of great Muslim scholars like Al-Khwarizmi, Ibn Sina, and Ibn Rushd to illustrate how Islamic civilization historically bridged religious knowledge with scientific advancement. Through rigorous interpretation and comparative analysis, the book argues that the Qur'an is both a timeless spiritual message and a profound source of scientific inspiration.

This work is intended for readers—Muslim and non-Muslim alike—who seek a deeper understanding of how science and faith can coexist, complement, and even enhance one another in the modern era. It also serves as a platform to encourage intellectual curiosity, interfaith dialogue, and renewed appreciation for the Qur'an's multidimensional message.

সারাংশ

"আল কুরআন: বিজ্ঞানচর্চার একটি মানদণ্ড ও পরিমাপক" বইটিতে *ইঞ্জিনিয়ার মোহাম্মদ জহিরুল ইসলাম* আধুনিক বিজ্ঞানের বিভিন্ন আবিষ্কারের সাথে কুরআনের আয়াতগুলোর বিস্ময়কর মিল তুলে ধরেছেন। এতে ১০০টিরও বেশি বৈজ্ঞানিক ঘটনা—যেমন মহাবিশ্বের সৃষ্টিতত্ত্ব, ভ্রূণতত্ত্ব, ভূতত্ত্ব, মহাসাগরবিদ্যা, জ্যোতির্বিদ্যা ও মানব জীববিজ্ঞানের বিষয়সমূহ—কুরআনের সংশ্লিষ্ট আয়াতের আলোকে বিশ্লেষণ করা হয়েছে।

এই গ্রন্থে ধর্ম ও বিজ্ঞানকে পরস্পরবিরোধী নয়, বরং পরিপূরক হিসেবে উপস্থাপন করা হয়েছে। লেখক দেখিয়েছেন, ইসলাম কেবল আধ্যাত্মিকতা নয়, বরং অনুসন্ধান ও গবেষণার দ্বারাও মানবজাতিকে উদ্বুদ্ধ করে। কুরআনকে এখানে শুধুমাত্র একটি ধর্মগ্রন্থ হিসেবে নয়, বরং একটি মৌলিক জ্ঞানপুস্তক ও মানবজীবনের নির্দেশনা ম্যানুয়াল হিসেবে ব্যাখ্যা করা হয়েছে।

মুসলিম জ্ঞানচর্চার স্বর্ণযুগের মনীষী—যেমন আল-খাওয়ারিজমি, ইবনে সিনা ও ইবনে রুশদের ঐতিহাসিক অবদান তুলে ধরে, বইটি বোঝাতে চায় ইসলাম কীভাবে বিজ্ঞান ও নৈতিকতার সেতুবন্ধন সৃষ্টি

করেছিল। এতে কুরআনের আয়াত ও আধুনিক বিজ্ঞানচর্চার মাঝে বিস্ময়কর মিল ও ব্যাখ্যাগুলোর তুলনামূলক বিশ্লেষণ রয়েছে।

এই বইটি মুসলিম ও অমুসলিম—সকল পাঠকের জন্য যারা বিজ্ঞান ও বিশ্বাসের সহাবস্থান, পরিপূরকতা এবং পারস্পরিক সমৃদ্ধির বিষয়ে গভীরভাবে জানতে আগ্রহী। এটি পাঠকের মধ্যে জ্ঞানচর্চা, সংলাপ ও কুরআনের বহুমাত্রিক বার্তা উপলব্ধির দ্বার খুলে দিবে ইনশাল্লাহ।

উপকথা: প্রেরণা ও উদ্দেশ্য

ইসলাম সবসময় মানবজাতিকে জ্ঞানের অনুসন্ধান ও সত্যের সন্ধানে উদ্‌বুদ্ধ করেছে। প্রাচীন কাল থেকে আজ পর্যন্ত, আমাদের পবিত্র কোরআনে এমন অনেক আয়াত রয়েছে যা সৃষ্টির গভীর রহস্য ও প্রাকৃতিক নিয়মকানুনের প্রতি আলোকপাত করে। এই আয়াতগুলো, কালের সাথে সাথে যখন আধুনিক বিজ্ঞান ও প্রযুক্তির আলোকে পুনঃপর্যবেক্ষণ করা হয়, তখনই সৃষ্টিকর্তার অমিত জ্ঞানের ছোঁয়া এখানে স্পষ্ট প্রতীয়মান হয়েছে।

এই বইটি সেই আলোকে রচিত, যেখানে কোরআনের আয়াতগুলোকে আধুনিক বৈজ্ঞানিক আবিষ্কার ও তত্ত্বের সঙ্গে তুলনা করা হয়েছে। আমাদের উদ্দেশ্য শুধুমাত্র আধ্যাত্মিক দিকনির্দেশনা প্রদান করা নয়, বরং এটি উন্মোচন করা যে, কোরআন একদিকে যেমন মানবজাতিকে নৈতিক ও আধ্যাত্মিকভাবে পথপ্রদর্শন করে, অন্যদিকে এটি বিজ্ঞানের জন্যও এক অনবদ্য উৎস ও মাপকাঠিও বটে।

প্রেরণা

একজন মুসলিম এবং প্রকৌশল বিজ্ঞানের শিক্ষার্থী হিসেবে আমার জীবনের প্রতিটি মুহূর্তে আমি অনুভব করেছি, জ্ঞানচর্চা ও বৈজ্ঞানিক অনুসন্ধানের মাধ্যমে আমরা কেবল প্রযুক্তিগত অগ্রগতি অর্জন করি না, বরং আল্লাহর সৃষ্টির গভীরতা ও বিস্তৃতিকে উপলব্ধি করি। আমার শৈশব থেকেই বৈজ্ঞানিক বিষয়গুলোর প্রতি আকর্ষণ এবং ইসলামের শিক্ষা আমাকে এমন এক পথচলায় পরিচালিত করেছে, যেখানে বিজ্ঞান ও আধ্যাত্মিকতা একে অপরের পরিপূরক।

ইতিহাস জানায়, কিভাবে মুসলমানরা বিভিন্ন সভ্যতার জ্ঞান সংরক্ষণ ও উন্নয়নে অগ্রণী ভূমিকা পালন করেছে। সেই ঐতিহাসিক প্রেরণার স্বাক্ষর আজকের যুগেও আমাদের অনুপ্রাণিত করে। যখন আমি কোরআনের আয়াতগুলোকে পড়ি এবং সেগুলোতে আজকের বৈজ্ঞানিক আবিষ্কারগুলোর সাথে মিল খুঁজে পাই, তখন মনে হয়, এই মহান গ্রন্থে সৃষ্টির প্রতিটি রহস্যকে আলোকিত করার ক্ষমতা আছে । এটাই আমাকে এই বইটি রচনার প্রেরণা দিয়েছে।

উদ্দেশ্য

এই বইয়ের মূল উদ্দেশ্য হলো আল-কোরআনের আয়াতগুলোকে আধুনিক বিজ্ঞানের বিভিন্ন আবিষ্কার, তত্ত্ব এবং প্রমাণের সঙ্গে তুলনা করে উপস্থাপন করা। আমি প্রায় ১০০+ এমন উদাহরণ সমাহার করেছি, যেখানে দেখা গেছে—মহাবিশ্বের সৃষ্টি, ভ্রূণের বিকাশ, পাহাড়ের

ভূমিকা, মহাসাগরের বাঁধ, আয়রনের অবতরণ, মহাজাগতিক কক্ষপথ সহ আরও বহু প্রাকৃতিক ও বৈজ্ঞানিক প্রক্রিয়ার মাধ্যেমে কোরআনের বাণী এক অসাধারণ বৈজ্ঞানিক মাপকাঠি হিসেবে কাজ করে।

এই বইয়ের মাধ্যমে আমি নিম্নলিখিত লক্ষ্য অর্জন করতে চাই:

- **বিশ্লেষণ ও উদাহরণসমূহের সংকলন:** কোরআনের আয়াত ও আধুনিক বৈজ্ঞানিক আবিষ্কারের মধ্যে সম্পর্ক তুলে ধরা।

- **আত্মবিশ্বাস ও অনুপ্রেরণা:** মুসলমান ও অন্যান্য পাঠকদের মনে বিশ্বাস জাগানো যে, ধর্মীয় বিশ্বাস ও বিজ্ঞান বিরোধী নয়, বরং একে অপরকে সমৃদ্ধ করে।

- **আলোচনার প্ল্যাটফর্ম:** এমন এক আলোচনা শুরু করা, যেখানে ধর্মীয় ও বৈজ্ঞানিক জ্ঞানের সমন্বয়ে মানব কল্যাণ ও প্রযুক্তির উন্নতির পথচলা আরও সুদৃঢ় হবে।

- **জ্ঞানচর্চার উৎসাহ:** পাঠকদের মধ্যে কৌতূহল উদ্দীপিত করে, নতুন নতুন দিক থেকে সৃষ্টির রহস্য অনুধাবনের চেষ্টা ত্বরান্বিত করা।

*আমার এই বইটি, "**আল কুরআন: বিজ্ঞানের মানদন্ড ও মাপকাঠি**", কোরআনের আয়াতসমূহকে বৈজ্ঞানিক প্রেক্ষাপটে বিশ্লেষণ করে প্রমাণ করতে চায়—যে, কোরআন কেবল আধ্যাত্মিক ও নৈতিক দিকনির্দেশনার গ্রন্থ নয়, বরং এটি আধুনিক বিজ্ঞান ও প্রযুক্তির জন্য এক অবিচ্ছেদ্য উৎস।*

উপকথা: ইসলামী জ্ঞান ও বৈজ্ঞানিক অনুসন্ধানের ঐতিহাসিক প্রেক্ষাপট

ইসলামী সভ্যতার ইতিহাসে জ্ঞান এবং বিজ্ঞান খোঁজার প্রচেষ্টা সর্বদা একটি কেন্দ্রীয় ভূমিকা পালন করেছে। আল্লাহর সৃষ্টিকে অনুধাবনের আকাঙ্ক্ষা, কোরআনের আয়াতগুলোর মধ্য দিয়ে আমাদের প্রতি প্রদত্ত নির্দেশনা এবং নবীদের শিক্ষা—এসবেরই মাঝে নিহিত ছিল সেই জিজ্ঞাসা, "কীভাবে?" ও "কেন?"। ইসলামের আদর্শ এবং নৈতিক শিক্ষা আমাদেরকে শুধুমাত্র আধ্যাত্মিক পথে এগিয়ে নিয়ে যায়নি, বরং সৃষ্টির রহস্য, প্রকৃতির নিয়মকানুন এবং মানবজাতির কল্যাণে প্রয়োগযোগ্য জ্ঞান অন্বেষণের ক্ষেত্রেও উদ্বুদ্ধ করেছে।

মধ্যযুগে মুসলিম বিজ্ঞানীরা—আল-খোয়ারিজমী, ইবনে সিনা, ইবনে রাসাদী এবং আরও অনেক প্রখ্যাত মনীষী—নতুন নতুন ধারণা ও তত্ত্বের উদ্ভাবনে এক অনন্য অবদান রেখেছেন। তারা গ্রিক, ভারতীয় ও পারস্য জ্ঞানকে আরবি ভাষায় অনুবাদ ও সংরক্ষণ করে রাখেন এবং সেই জ্ঞানকে পরবর্তীতে ইউরোপীয় জ্ঞানের বিকাশে প্রভাবিত করেন। এই অনুবাদ আন্দোলন এবং বৈজ্ঞানিক অনুসন্ধান কেবলমাত্র তাত্ত্বিক জ্ঞানের ক্ষেত্রেই নয়, বরং প্রযুক্তি, চিকিৎসা, গণিত, জ্যোতির্বিজ্ঞান ও অন্যান্য শাস্ত্রে বিপুল অগ্রগতি নিয়ে আসে।

ইসলাম শিক্ষা দিয়েছে, "জ্ঞান অর্জন করো"—যা আমাদের দৈনন্দিন জীবনের সাথে মিলেমিশে এক নতুন দৃষ্টিভঙ্গি প্রদান করে। কোরআনের আয়াতসমূহে আমরা দেখতে পাই সৃষ্টির প্রকৃত নিয়ম, প্রাকৃতিক উপাদানের ক্রিয়া-প্রক্রিয়া এবং মহাজগতের বিস্ময়কর রূপ। এই আয়াতগুলো, শতাব্দীর পর শতাব্দী ধরে যখন বিজ্ঞান এবং প্রযুক্তির আলোকে

পুনঃপর্যালোচিত হয়েছে, তখন প্রতীয়মান হয়েছে যে, এই মহান গ্রন্থে সৃষ্টির গভীর রহস্য বোঝার উপায় লুকিয়ে আছে।

ইসলামী জ্ঞান ও বৈজ্ঞানিক অনুসন্ধানের ঐতিহাসিক প্রেক্ষাপট আমাদেরকে স্মরণ করিয়ে দেয় যে, বিশ্বাস ও যুক্তির সমন্বয়ে মানব সভ্যতা কতদূর এগিয়ে যেতে পারে। মুসলিম বিজ্ঞানীদের উদ্ভাবনী মনোভাব, অধ্যবসায় এবং অনুসন্ধানের আকাঙ্ক্ষা আজকের আধুনিক বৈজ্ঞানিক গবেষণা ও প্রযুক্তির ভিত্তি স্থাপনে অপরিসীম প্রভাব ফেলেছে। এই ঐতিহাসিক প্রেক্ষাপট থেকে আমরা শিখতে পারি—জ্ঞান অর্জনের পথ কখনোই সীমাবদ্ধ নয়, বরং তা ধর্মীয় ও নৈতিক মূল্যবোধের সঙ্গে একাত্ম হয়ে উঠতে পারে।

এই বইটি সেই ঐতিহাসিক ধারার আধুনিক প্রতিফলন। এখানে কোরআনের আয়াতসমূহ এবং তাদের সাথে সমসাময়িক বৈজ্ঞানিক আবিষ্কারগুলোর মধ্যে সম্পর্ক তুলে ধরা হবে, যা প্রমাণ করবে যে, আল-কোরআন কেবল আধ্যাত্মিক দিকনির্দেশনার গ্রন্থ নয়, বরং এটি মানব সভ্যতার অগ্রগতির জন্য এক অমূল্য বৈজ্ঞানিক উৎস।

প্রথম অধ্যায়:
ইসলামের ঐতিহ্য ও জ্ঞানচর্চা

১.১ ইসলামের ঐতিহ্যে জ্ঞান ও বিজ্ঞান

ইসলামে জ্ঞান অর্জনকে সর্বোচ্চ মর্যাদা প্রদান করা হয়েছে। নবী করিম (সা.) এফ সাদাকতে নির্দেশ দিয়েছেন, "জ্ঞান অর্জন করো", যা প্রতিটি মুসলমানের জীবনের এক অপরিহার্য দায়িত্ব হিসেবে বিবেচিত। ইসলামী শিক্ষা কেবল আধ্যাত্মিক নৈতিকতা ও জীবনের উদ্দেশ্য নির্ধারণে সহায়ক নয়, বরং মানব সভ্যতার জ্ঞানের প্রসারে এক অনন্য অবদান রাখে।

কোরআনের আয়াতসমূহে আমরা সৃষ্টির নিয়ম, প্রকৃতির নানান রূপ এবং জীবনের গভীর রহস্য সম্পর্কে ধারণা পাই। প্রতিটি আয়াত আমাদেরকে প্রাকৃতিক জগতের দিকে অনুধাবনের আহ্বান জানায়, যা পরবর্তীতে বৈজ্ঞানিক অনুসন্ধান এবং গবেষণার প্রেরণা হয়ে ওঠে। এই আয়াতগুলোর মধ্য দিয়ে আল্লাহ তাঁর সৃষ্টির রহস্য উদঘাটনের পন্থা উপস্থাপন করেছেন, যা মানবজীবনে কেবল আধ্যাত্মিক দিকনির্দেশনা প্রদান করে না, বরং বিশ্বব্যাপী বিজ্ঞান ও প্রযুক্তির অগ্রগতিতে একটি মাইলফলক হিসেবে কাজ করে।

মধ্যযুগে মুসলিম বিজ্ঞানীদের যুগে, ইসলামের ঐতিহ্যে জ্ঞান ও বিজ্ঞান এক নতুন দিগন্তে প্রবেশ করে। আল-খোয়ারিজমী, ইবনে সিনা, ইবনে রাসাদী, আল-বিরুনী এবং অন্যান্য প্রখ্যাত মনীষীরা প্রাচীন গ্রিক, রোমান, পারস্য, ভারত ও চীনের জ্ঞানকে আরবি ভাষায় অনুবাদ ও সংরক্ষণ করে রাখেন। এদের গবেষণা, আবিষ্কার এবং পরীক্ষামূলক অনুসন্ধান পরবর্তীতে রেনেসাঁ ও আধুনিক বিজ্ঞানকে অনুপ্রাণিত করে। ইসলামের এই ঐতিহ্য কেবল অতীতের ইতিহাসে সীমাবদ্ধ ছিল না; বরং তা আজকের যুগে বৈজ্ঞানিক প্রগতির পেছনে এক শক্ত ভিত্তি হিসেবে বিদ্যমান।

ইসলামের ঐতিহ্যে জ্ঞান ও বিজ্ঞান আমাদের দেখায় যে, ধর্মীয় শিক্ষা ও বৈজ্ঞানিক অনুসন্ধান একে অপরের পরিপূরক। যেখানে বিজ্ঞান "**কিভাবে**" প্রশ্নের উত্তর খোঁজে—প্রকৃতির নিয়ম, সৃষ্টির প্রক্রিয়া এবং মানব কল্যাণে প্রযুক্তির প্রয়োগের অভ্যন্তরে! —সেখানে ইসলাম "**কেন**" প্রশ্নের উত্তর প্রদান করে, অর্থাৎ জীবনের উদ্দেশ্য, নৈতিক মূল্যবোধ এবং সৃষ্টির গভীরতা উদঘাটন করে। এই সমন্বয় মানব সভ্যতাকে শুধু প্রযুক্তিগত উন্নতির দিকে এগিয়ে নিয়ে যায় না, বরং আমাদের চিন্তাভাবনা ও মানসিকতারও উন্নয়ন ঘটায়।

আজকের আধুনিক বিজ্ঞান ও প্রযুক্তি, যার ভিত্তি শতাব্দীর পর শতাব্দী ধরে চলে আসা ইসলামী জ্ঞানচর্চার ঐতিহ্যে নিহিত, তা প্রমাণ করে যে, আল-কোরআন ও ইসলামী শিক্ষা কেবল আধ্যাত্মিকতা প্রদান করে না, বরং মানবজীবনের প্রতিটি ক্ষেত্রে জ্ঞান, যুক্তি এবং প্রগতির জন্য এক অপরিহার্য উৎস। এই ঐতিহাসিক প্রেক্ষাপট আমাদের অনুপ্রাণিত করে, যেন আমরা আধুনিক বৈজ্ঞানিক অনুসন্ধান এবং প্রযুক্তির মাধ্যমে মানব কল্যাণে অবদান রাখতে পারি।

১.২ মুসলিম বিজ্ঞানীদের অবদান: ইতিহাসের উজ্জ্বল অধ্যায়

ইসলামী জ্ঞানচর্চার ঐতিহ্য কেবল ধর্মীয় ও আধ্যাত্মিক শিক্ষা প্রদানেই সীমাবদ্ধ ছিল না; বরং এটি বিজ্ঞান, চিকিৎসা, গণিত, জ্যোতির্বিজ্ঞান, এবং অন্যান্য প্রাকৃতিক শাস্ত্রে এক বৈপ্লবিক পরিবর্তনের সূচনা করেছিল। মধ্যযুগে মুসলিম বিজ্ঞানীরা যুগের বিদ্যমান জ্ঞানকে সংগ্রহ, সংরক্ষণ এবং আরও উন্নত করে তুলেছিলেন, যা পরবর্তীতে ইউরোপীয় জ্ঞানের বিকাশে এক অত্যন্ত গুরুত্বপূর্ণ ভূমিকা পালন করে।

আল-খোয়ারিজমী

মুসলিম গণিতবিদ আল-খোয়ারিজমী, যিনি "algorithm" শব্দের উৎপত্তির প্রেরণা হয়েছেন, জ্যামিতি ও সংখ্যাতত্ত্বে এক নতুন দিগন্ত উন্মোচন করেন। তাঁর গ্রন্থসমূহ শুধুমাত্র গণিতের ক্ষেত্রেই নয়, বরং ভৌত জগতের বিভিন্ন প্রক্রিয়া বিশ্লেষণেও ব্যবহৃত হয়েছে।

ইবনে সিনা (আভিসেননা)

চিকিৎসা, দর্শন এবং বিজ্ঞানগত তত্ত্বের ক্ষেত্রে ইবনে সিনা এর অবদান অপরিসীম। তাঁর "ক্যানন অব মেডিসিন" (The Canon of Medicine) শত শত বছর ধরে একটি মানক চিকিৎসা গ্রন্থ হিসেবে ব্যবহৃত হয়েছে। তিনি শরীরের ক্রিয়াকলাপ, রোগ ও ঔষধের প্রভাব বিশ্লেষণ করে আধুনিক চিকিৎসা বিজ্ঞানের বুনিয়াদ স্থাপন করেন।

ইবনে রাসাদী (আভিরোজ)

দর্শন ও বিজ্ঞানীয় চিন্তাভাবনার ক্ষেত্রে ইবনে রাসাদী এক উজ্জ্বল অধ্যায় রচনা করেছেন। তাঁর তত্ত্ব ও পর্যবেক্ষণ শুধুমাত্র ইসলামী দর্শনের ক্ষেত্রেই নয়, বরং পরবর্তীতে ইউরোপীয় যুক্তিবিজ্ঞান ও তত্ত্বের বিকাশে প্রভাব ফেলে।

আল-বিরুনী

জ্যোতির্বিজ্ঞান, ভূগোল ও পদার্থবিজ্ঞানের ক্ষেত্রে আল-বিরুনীর গবেষণা ছিল যুগের শীর্ষস্থানীয়। তিনি সূর্যের, চন্দ্রের ও গ্রহগুলোর গতি ও অবস্থানের উপর তত্ত্ব প্রদান করেন, যা পরবর্তীতে আধুনিক জ্যোতির্বিজ্ঞান ও ভূতত্ত্বের ভিত্তি হিসেবে বিবেচিত হয়।

আল-রাসাই (রাজব)
চিকিৎসা ও রাসায়নিক প্রক্রিয়ায় আল-রাসাইয়ের অবদান অমুল্য। তিনি রসায়নের বিভিন্ন মৌলিক নীতি আবিষ্কার করেন এবং ঔষধ প্রস্তুতির ক্ষেত্রে নতুন পদ্ধতি প্রবর্তন করেন, যা চিকিৎসা বিজ্ঞানে এক গুরুত্বপূর্ণ মাইলফলক হিসেবে চিহ্নিত হয়েছে।

এই সকল প্রখ্যাত মনীষী ও বিজ্ঞানীরা কেবল তাদের নিজ নিজ ক্ষেত্রেই সৃষ্টিশীলতা ও দক্ষতার পরিচয় দেননি, বরং তারা বিশ্বের বিভিন্ন প্রাচীন জ্ঞানকে আরবি ভাষায় অনুবাদ ও সংরক্ষণ করে রাখেন। এই অনুবাদ আন্দোলন পরবর্তীতে ইউরোপে রেনেসাঁ এর সূচনা ঘটায় এবং আধুনিক বিজ্ঞানকে এক নতুন দিকনির্দেশনা প্রদান করে।

মুসলিম বিজ্ঞানীদের এই অবদান দেখায় যে, ইসলামী সভ্যতা জ্ঞানের প্রতি কতটা নিবেদিত ছিল এবং কিভাবে তাদের উদ্ভাবনী মনোভাব ও গবেষণা পরবর্তীতে সমগ্র মানব সভ্যতার অগ্রগতিতে ভূমিকা রাখে। এভাবে, ইসলামী ঐতিহ্যের উজ্জ্বল অধ্যায়টি কেবল অতীতের ইতিহাসের অংশ নয়, বরং এটি বর্তমান ও ভবিষ্যতের বৈজ্ঞানিক অনুসন্ধান ও প্রযুক্তিগত উন্নয়নের অন্যতম প্রেরণা হিসেবে অব্যাহত রয়েছে।

১.৩ কোরআনের "ম্যানুয়াল" হিসেবে ভূমিকা

ধরুন, আমরা যে কোনো যন্ত্রপাতির সঠিক ব্যবহার এবং রক্ষণাবেক্ষণের জন্য একটি বিস্তারিত ম্যানুয়াল পড়ি। সেই ম্যানুয়াল আমাদের জানায়—কীভাবে যন্ত্রটি কাজ করে, কীভাবে তা সঠিকভাবে ব্যবহার করতে হবে এবং কখন ও কিভাবে তা রক্ষণাবেক্ষণ করা উচিত। ঠিক তেমনি, আল্লাহ তায়া'র পক্ষ থেকে মানবজাতিকে প্রদান করা হয়েছে এক সর্বাঙ্গীণ "ম্যানুয়াল" – আল-কোরআন।

কোরআনের প্রতিটি আয়াত যেন এক এক নির্দেশিকা, যা আমাদেরকে কেবল আধ্যাত্মিক ও নৈতিক দিকনির্দেশনা প্রদান করে না, বরং সৃষ্টির গভীর রহস্য, প্রকৃতির নিয়মাবলী এবং মানব জীবনের প্রাকৃতিক ক্রিয়াকলাপ বোঝার পথ দেখায়। উদাহরণস্বরূপ, কোরআনে উল্লেখিত মহাবিশ্বের সৃষ্টি, মহাকাশের সম্প্রসারণ, জীবনের বিভিন্ন পর্যায়ের বিকাশ, পাহাড় ও সমুদ্রের প্রাকৃতিক নিয়ম—এসব বিষয় আধুনিক বিজ্ঞানের আলোকে ব্যাখ্যা করা সম্ভব হয়েছে।

কোরআনের এই "ম্যানুয়াল" রূপে ভূমিকা আমাদেরকে নিম্নলিখিত দিক থেকে অনুপ্রাণিত করে:

- **প্রাকৃতিক জগতের পর্যবেক্ষণ:** কোরআনের আয়াতগুলি আমাদেরকে সৃষ্টির অন্তর্নিহিত নিয়ম ও প্রক্রিয়া অনুধাবনে সহায়তা করে, যা বিজ্ঞানের মূল প্রশ্ন "**কিভাবে?**" এর উত্তর খুঁজতে সাহায্য করে।

- **নৈতিক ও আধ্যাত্মিক দিকনির্দেশনা:** যেখানে বিজ্ঞান "**কিভাবে**" প্রশ্নের উত্তর দেয়, সেখানে কোরআন "**কেন**" প্রশ্নের উত্তর প্রদান করে—জীবনের উদ্দেশ্য, নৈতিক মূল্যবোধ ও সৃষ্টির গভীর তাৎপর্য উদঘাটন করে।

- **উন্নত প্রযুক্তি ও মানব কল্যাণে প্রয়োগ:** কোরআনের নির্দেশনা আমাদেরকে নতুন নতুন প্রযুক্তি উদ্ভাবন এবং বৈজ্ঞানিক অনুসন্ধানের জন্য অনুপ্রাণিত করে, যার মাধ্যমে মানব সভ্যতার উন্নতির পথ সুগম হয়।

এইভাবেই আল-কোরআন শুধুমাত্র একটি আধ্যাত্মিক গ্রন্থ নয়, বরং এটি এক চিরন্তন ম্যানুয়াল হিসেবে কাজ করে, যা সময়ের সীমা ছাড়িয়ে মানবজীবনের প্রতিটি ক্ষেত্রে—ধর্মীয়, নৈতিক এবং বৈজ্ঞানিক—নির্দেশনা প্রদান করে আসছে। এর আয়াতসমূহ আমাদেরকে স্মরণ করিয়ে দেয় যে, সৃষ্টির প্রতিটি কোণে আল্লাহর জ্ঞান এবং ক্ষমতার ছোঁয়া রয়েছে, যা মানবজাতিকে উন্নতির পথে এগিয়ে নিয়ে যাওয়ার এক অপরিসীম চাবিকাঠি।

দ্বিতীয় অধ্যায়:
ধর্ম ও বিজ্ঞান—এক অপরের পরিপূরক

মানব সভ্যতার অগ্রগতিতে ধর্ম ও বিজ্ঞান—এই দুইটি ক্ষেত্র—এক অপরের পরিপূরক হিসেবে কাজ করে। ধর্ম আমাদের জীবনের উদ্দেশ্য, নৈতিক মূল্যবোধ ও আধ্যাত্মিকতাকে রূপায়িত করে, আর বিজ্ঞান আমাদেরকে প্রাকৃতিক জগতের কার্যপ্রণালী, সৃষ্টির নিয়মাবলী এবং প্রযুক্তির উদ্ভাবনের মাধ্যমে "**কিভাবে**" প্রশ্নের উত্তর খুঁজে দিতে সাহায্য করে। এভাবেই, যখন বিজ্ঞান আমাদেরকে বুঝতে সাহায্য করে "**কিভাবে**" জগত চলমান, তখন ধর্ম আমাদের বলে "**কেন**" এই জগত অস্তিত্বমান—এবং কিভাবে আমাদের জীবনের প্রকৃত উদ্দেশ্য ও নৈতিক আদর্শ প্রতিষ্ঠিত হবে।

এই অধ্যায়ে আমরা আলোচনা করবো কীভাবে ধর্ম ও বিজ্ঞান একে অপরের পরিপূরক হিসেবে একত্রে কাজ করে। আমরা দেখবো যে, কোরআনের আয়াতসমূহ এবং ইসলামি শিক্ষা কেবল আধ্যাত্মিক ও নৈতিক দিকনির্দেশনা প্রদান করে না, বরং তা আমাদেরকে সৃষ্টির গভীর রহস্য ও প্রাকৃতিক জগতের অন্তর্নিহিত নিয়ম বোঝার প্রেরণা দেয়। এই সমন্বয় থেকেই উদ্ভূত হয়েছে মানবজীবনের উন্নয়ন ও সভ্যতার অগ্রগতি।

২.১ ধর্মীয় দিক: আধ্যাত্মিক ও নৈতিক নির্দেশনা

ধর্ম আমাদের জীবনের সেই অভিন্ন ভিত্তি, যা আধ্যাত্মিকতা, নৈতিকতা ও মানবিক মূল্যবোধকে প্রণয়ন করে। ইসলামে কোরআনের প্রতিটি আয়াত যেন এক এক নৈতিক ও আধ্যাত্মিক দিকনির্দেশনা, যা আমাদের জীবনের প্রতিটি স্তরে সঠিক পথে চলার আহ্বান জানায়।

আধ্যাত্মিক নির্দেশনা:

কোরআন আমাদেরকে মনে করিয়ে দেয় যে, প্রতিটি সৃষ্টি, প্রতিটি প্রক্রিয়ার পেছনে এক অলৌকিক জ্ঞান এবং উদ্দেশ্য নিহিত আছে। এটি আমাদেরকে শুধুমাত্র মহান আল্লাহ তায়া'লার মহিমা উপলব্ধি করায় না, বরং আমাদের আত্মাকে শান্তি, বিনয় এবং অনুপ্রেরণার বার্তা প্রদান করে। ধর্মীয় শিক্ষা আমাদেরকে শেখায়, জীবনের সত্যিকারের অর্থ কী, এবং কিভাবে আমরা আমাদের অন্তরকে আল্লাহর প্রতি নিবেদিত রাখতে পারি।

নৈতিক দিকনির্দেশনা:

কোরআনের নৈতিক আদর্শ ও আচার-আচরণ সম্পর্কে যে নির্দেশাবলী রয়েছে, তা আমাদের ব্যক্তিগত ও সামাজিক জীবনে এক নির্ভরযোগ্য মাপকাঠি হিসেবে কাজ করে। সঠিক ও ন্যায়পরায়ণতার পথ দেখানোর মাধ্যমে ধর্ম আমাদেরকে সমাজে শান্তি, ন্যায় এবং সুষ্ঠু মানবিক সম্পর্ক গড়ে তুলতে অনুপ্রাণিত করে। ধর্মীয় মূল্যবোধের ভিত্তিতে আমরা বুঝতে পারি, কোন কাজ আমাদের জন্য নৈতিকভাবে গ্রহণযোগ্য এবং কোনটি নয়।

এইভাবে, ধর্মীয় দিক থেকে কোরআন আমাদেরকে শুধু আধ্যাত্মিক প্রেরণা দেয় না, বরং আমাদের জীবনের প্রতিটি ক্ষেত্রে সঠিক দিকনির্দেশনা ও নৈতিক মূল্যবোধ স্থাপন করে। এতে মানবজাতি কেবল আত্মিক উন্নতি লাভ করে না, বরং সামাজিক ও সাংস্কৃতিক অগ্রগতিতেও সমানভাবে সহায়ক হয়।

*এইভাবে, ধর্মীয় দিক থেকে কোরআন আমাদেরকে মানব জীবনের গভীরে প্রবেশ করে সৃষ্টির উদ্দেশ্য, নৈতিক আদর্শ এবং আধ্যাত্মিক উন্নতির সঠিক পথ নির্দেশ করে, যা পরবর্তীতে বৈজ্ঞানিক অনুসন্ধান ও প্রযুক্তি উদ্ভাবনের প্রেক্ষাপটে "**কেন**" প্রশ্নের উত্তর প্রদান করে। পরবর্তী অংশে আমরা বৈজ্ঞানিক দিকের আলোচনা শুরু করব—কিভাবে বিজ্ঞান পর্যবেক্ষণ, পরীক্ষা ও প্রযুক্তি উদ্ভাবনের মাধ্যমে "**কিভাবে**" প্রশ্নের উত্তর খুঁজে পায়, এবং এই দুই দিক একে অপরকে কীভাবে সমৃদ্ধ করে।*

২.২ বৈজ্ঞানিক দিক: পর্যবেক্ষণ, পরীক্ষা ও প্রযুক্তি উদ্ভাবন – "কিভাবে" ও "কেন" প্রশ্নের সমন্বয়

বৈজ্ঞানিক দৃষ্টিভঙ্গি মূলত প্রাকৃতিক জগতের কার্যপ্রণালী, নিয়মাবলী এবং প্রক্রিয়াগুলোকে পর্যবেক্ষণ ও বিশ্লেষণের মাধ্যমে উদঘাটনের উপর নির্ভরশীল। বিজ্ঞান আমাদের শেখায়—কীভাবে প্রাকৃতিক ঘটনা ঘটে, সেগুলো কীভাবে ক্রমান্বয়ে পরিবর্তিত হয় এবং মানব কল্যাণে তা কিভাবে প্রয়োগ করা যায়। বিজ্ঞান মূলত "**কিভাবে**" প্রশ্নের উত্তর খোঁজে; উদাহরণস্বরূপ, মহাবিশ্বের বিস্তার, ভ্রূণের বিকাশ, বা ভূমিকম্পের কারণ ইত্যাদি বিষয় নিয়ে বৈজ্ঞানিক অনুসন্ধানে আমরা দেখতে পাই প্রাকৃতিক নিয়মাবলী ও প্রক্রিয়ার নিয়মিততা।

পর্যবেক্ষণ ও পরীক্ষা:

বৈজ্ঞানিক পদ্ধতি সর্বপ্রথম শুরু হয় পর্যবেক্ষণ থেকে। প্রাকৃতিক ঘটনা, মহাকাশের গতি, জীববৈচিত্র্য কিংবা মানব দেহের জটিল প্রক্রিয়া—এসব কিছু আমরা নিয়মিত পর্যবেক্ষণ করি। এরপর পরীক্ষামূলক গবেষণার মাধ্যমে সেই পর্যবেক্ষণের ভিত্তিতে তত্ত্ব প্রণয়ন করা হয়। এই পর্যবেক্ষণ এবং পরীক্ষা আমাদেরকে "কিভাবে" জগতের কাজ করার পদ্ধতি

বোঝাতে সহায়তা করে। উদাহরণস্বরূপ, মহাবিশ্বের সম্প্রসারণের ধারণা বা ভ্রূণের বিকাশের ধাপগুলো—এসব বিষয় আজকের বৈজ্ঞানিক প্রমাণ ও তত্ত্ব দ্বারা সমর্থিত।

প্রযুক্তি উদ্ভাবন:

পরীক্ষা ও পর্যবেক্ষণের ফলাফল প্রযুক্তির উন্নয়নে রূপান্তরিত হয়। প্রযুক্তি উদ্ভাবনের মাধ্যমে আমরা ঐসব প্রাকৃতিক নিয়মাবলীকে মানব কল্যাণে প্রয়োগ করতে সক্ষম হই। বৈজ্ঞানিক গবেষণা ও প্রযুক্তির সমন্বয়ে উদ্ভাবিত নতুন নতুন যন্ত্রপাতি, চিকিৎসা পদ্ধতি, এবং তথ্য প্রযুক্তি আমাদের জীবনকে সহজ, নিরাপদ এবং উন্নততর করে তুলেছে। বিজ্ঞান "কিভাবে" কাজ করে তা বুঝিয়ে দেয়, যা প্রযুক্তি উদ্ভাবনের মূলে কাজ করে।

"কিভাবে" ও "কেন" প্রশ্নের সমন্বয়:

যেখানে বৈজ্ঞানিক অনুসন্ধান আমাদেরকে বলে—কীভাবে প্রাকৃতিক ঘটনা ঘটে, কীভাবে নিয়মাবলী কাজ করে—সেখানে ধর্মীয় দিক আমাদেরকে বলে—কেন এই সৃষ্টির পেছনে একটি উদ্দেশ্য রয়েছে, কেন আমাদের জীবনের একটি নৈতিক ও আধ্যাত্মিক দিক রয়েছে। এই সমন্বয় মানব সভ্যতাকে একটি পূর্ণাঙ্গ দৃষ্টিভঙ্গি প্রদান করে।

- **কিভাবে:** বিজ্ঞান আমাদের দেখায়, প্রতিটি প্রাকৃতিক প্রক্রিয়া নিয়মিত, পর্যবেক্ষণযোগ্য এবং পরীক্ষাযোগ্য। এটি আমাদেরকে নির্দিষ্ট নিয়মাবলী ও তত্ত্বের মাধ্যমে বুঝতে সাহায্য করে—মহাবিশ্বের বিস্তার, জীবনের বিকাশ, বা প্রাকৃতিক দুর্যোগের কারণ ইত্যাদি।

- **কেন:** ধর্মীয় দিক থেকে কোরআন এবং ইসলামী শিক্ষা আমাদেরকে জীবনের উদ্দেশ্য, নৈতিক মূল্যবোধ এবং আধ্যাত্মিক প্রেরণা প্রদান করে। এখানে প্রশ্ন উঠে—কেন এই জগৎ, এই সৃষ্টি, এবং আমাদের জীবনের প্রকৃত অর্থ আছে।

এই দুইটি প্রশ্ন—"কিভাবে" এবং "কেন"—যখন একত্রে আলোচিত হয়, তখন মানবজীবন ও সভ্যতার পূর্ণ দিকটি প্রকাশ পায়। বৈজ্ঞানিক গবেষণা আমাদেরকে প্রকৃতির কাজের প্রক্রিয়া সম্পর্কে সঠিক ধারণা প্রদান করে, এবং ধর্মীয় শিক্ষা সেই প্রক্রিয়ার অন্তর্নিহিত উদ্দেশ্য ও মূল্যবোধ প্রকাশ করে। ফলে, বিজ্ঞান ও ধর্ম একে অপরকে পরিপূরক হিসেবে কাজ করে, যেখানে বিজ্ঞান আমাদেরকে প্রকৃতির কার্যপদ্ধতি শিখায়, আর ধর্ম আমাদেরকে শিখায় কেন আমরা সেই প্রকৃতির অংশ, এবং আমাদের জীবনের উদ্দেশ্য কী।

এই অধ্যায়ে আমরা দেখবো কিভাবে কোরআনের আয়াতসমূহ এবং ইসলামী দৃষ্টিভঙ্গি বৈজ্ঞানিক প্রক্রিয়াগুলোর সাথে সম্পর্কিত—যে ধরণের বৈজ্ঞানিক আবিষ্কার আজকের যুগে প্রমাণিত হয়েছে, সেগুলো পূর্বে কোরআনে উল্লেখিত ছিল। এই সমন্বয় আমাদেরকে একটি সমৃদ্ধ দৃষ্টিভঙ্গি প্রদান করে, যা মানব সভ্যতার অগ্রগতিতে এক নতুন দিগন্ত উন্মোচন করে।

তৃতীয় অধ্যায়:
কোরআন ও মহাবিশ্বের সৃষ্টি

এই অধ্যায়ে আমরা কোরআনের আয়াতসমূহের প্রেক্ষাপটে মহাবিশ্বের সৃষ্টি ও গঠন নিয়ে আলোচনা করব। হাজারো বছর আগে যখন এই আয়াতসমূহ অবতীর্ণ হয়, তখন মানবজাতির জ্ঞানের সীমা ছিল খুবই সীমিত এবং অনুমান নির্ভর । কিন্তু আজকের আধুনিক বিজ্ঞান প্রকাশ করেছে যে, মহাবিশ্বের সৃষ্টি ও সম্প্রসারণের ধারণাগুলো কোরআনের কয়েকটি আয়াতের সাথে বিস্ময়করভাবে সামঞ্জস্যপূর্ণ। আধুনিক বিগ ব্যাং তত্ত্ব, মহাবিশ্বের বিস্তৃতি, এবং আলোর ও অন্ধকারের সৃষ্টির প্রক্রিয়া—এসব বিষয়ের মধ্য দিয়ে আমরা দেখতে পাই কোরআনের আয়াতগুলোর গভীরতা ও প্রাসঙ্গিকতা।

৩.১ মহাবিশ্বের সৃষ্টি (Big Bang Theory)

আধুনিক বিজ্ঞান অনুসারে, মহাবিশ্বের সূচনা এক বিশাল বিস্ফোরণের মাধ্যমে ঘটে, যা বিগ ব্যাং নামে পরিচিত। এই তত্ত্ব অনুযায়ী, প্রাথমিক অবস্থায়, সমগ্র মহাবিশ্ব একটি অতি সঘন, উত্তপ্ত এবং ছোট বিন্দুতে বন্দী ছিল, যা হঠাৎ বিস্ফোরিত হয়ে এক বিশাল সম্প্রসারণের সূত্রপাত করে।

কোরআনের একটি উল্লেখযোগ্য আয়াতে বলা হয়েছে:

أَوَلَمْ يَرَ الَّذِينَ كَفَرُوا أَنَّ السَّمَاوَاتِ وَالْأَرْضَ كَانَتَا رَتْقًا فَفَتَقْنَاهُمَا
وَجَعَلْنَا مِنَ الْمَاءِ كُلَّ شَيْءٍ حَيٍّ ۖ أَفَلَا يُؤْمِنُونَ ۖ

"***যারা অবিশ্বাসী, তারা কি দেখে না যে আসমান ও জমিন উভয়ই একসঙ্গে ছিল, তারপর আমি উভয়কে পৃথক করেছি? এবং আমি পানির দ্বারা সব জীবন্ত জিনিস সৃষ্টি করেছি। তবুও কি তারা বিশ্বাস করবে না?***"

(সূরা আল-আম্বিয়া, ২১:৩০)

এই আয়াতটি, হাজারো বছর পূর্বের একটি প্রেক্ষাপটে, যখন মহাবিশ্বের সৃষ্টির গূঢ় রহস্য ছিল মানব জ্ঞানের বাইরে, তখনও এমন একটি ধারণা প্রতিফলিত করে যা আধুনিক বিজ্ঞান আজ বিগ ব্যাং তত্ত্ব হিসেবে ব্যাখ্যা করে।

- **বিবেচনার দিক:**

  আয়াতে উল্লেখিত "একসময়ে মিলিত ছিল" শব্দগুচ্ছটি ইঙ্গিত দেয় যে, প্রাথমিক অবস্থায় আকাশ ও পৃথিবী বা সমস্ত মহাজগত এক অবিচ্ছিন্ন অবস্থানে ছিল। আধুনিক বৈজ্ঞানিক গবেষণায় এই ধারণা পাওয়া যায়, যেখানে মহাবিশ্বের সূচনা একক বিন্দু থেকে হওয়ার সম্ভাব্যতা রয়েছে।

- **পৃথককরণ প্রক্রিয়া:**

  "পরবর্তীতে আমি তাদেরকে পৃথক করে দিলাম"—এই অংশটি কোরআনের আয়াতে এক বৈপ্লবিক সৃষ্টি ও বিস্তারকেই তুলে ধরে, যা বিগ ব্যাং তত্ত্বের সাথে সমান্তরাল। আধুনিক বিজ্ঞান বলে যে, বিস্ফোরণের পর মহাবিশ্ব ক্রমশ সম্প্রসারিত হয়েছে, এবং এই সম্প্রসারণই বিভিন্ন গ্যালাক্সি, নক্ষত্র, এবং গ্রহের সৃষ্টির পথে পরিচালিত করেছে।

এইভাবে, কোরআনের এই আয়াতটি, যা হাজার হাজার বছর আগে অবতীর্ণ হয়েছিল, আজকের আধুনিক বিজ্ঞানও প্রমাণ করে যে, মহাবিশ্বের সৃষ্টি ও বিস্তারের ধারণার ক্ষেত্রে একটি অসামান্য সামঞ্জস্য রয়েছে। পরবর্তী অংশে আমরা আরও বিশদভাবে আলোচনা করব কিভাবে মহাবিশ্বের সম্প্রসারণ এবং আলোর সৃষ্টি ও অন্ধকারের সৃষ্টির প্রক্রিয়া কোরআনের অন্যান্য আয়াতের সাথে মিল রয়েছে।

৩.২ মহাবিশ্বের সম্প্রসারণ

وَالسَّمَاءَ بَنَيْنَاهَا بِأَيْيْدٍ وَإِنَّا لَمُوسِعُونَ

"আমি আকাশকে তৈরি করেছি মহান শক্তিতে এবং আমি তা সম্প্রসারণ করছি।"
-সুরা আয-যারিয়াত (৫১:৪৭)

আধুনিক বৈজ্ঞানিক গবেষণায় প্রতিষ্ঠিত হয়েছে যে, মহাবিশ্ব ক্রমাগত সম্প্রসারিত হচ্ছে। বিগ ব্যাং তত্ত্ব অনুসারে, প্রাথমিক অবস্থায় একটি অতি সঘন বিন্দু থেকে মহাবিশ্বের বিস্ফোরণের মাধ্যমে ক্রমশ সম্প্রসারণ শুরু হয়, যা আজকের তারকা, গ্রহ, গ্যালাক্সি ও নক্ষত্রের গঠনের ভিত্তি হয়ে দাঁড়িয়েছে।

কোরআনের এই আয়াতে "আমি আকাশকে তৈরি করেছি" বলে উল্লেখ করা হয়েছে, যা স্পষ্টতই আল্লাহ তায়া'লার সৃষ্টির প্রক্রিয়াকে তুলে ধরে। এর সাথে সাথে "আমি তা সম্প্রসারণ করছি" বাক্যাংশটি আধুনিক জ্যোতির্বিজ্ঞানের সাথে বিস্ময়কর সামঞ্জস্যপূর্ণ।

- **বৈজ্ঞানিক প্রেক্ষাপট:**

  আধুনিক জ্যোতির্বিজ্ঞান আমাদের জানায় যে, মহাবিশ্বের প্রতিটি কোণ থেকে আলো এবং অন্যান্য তরঙ্গ বিশ্লেষণের মাধ্যমে জানা যায় যে, আকাশের প্রত্যেকটি অংশ একে অপর থেকে দূরে সরে যাচ্ছে। এই সম্প্রসারণের দিকটি স্পষ্টতই রেডশিফট (redshift) পর্যবেক্ষণের মাধ্যমে প্রমাণিত হয়েছে, যা বলে যে, দূরের গ্যালাক্সিগুলো দ্রুত গতিতে আমাদের থেকে দূরে চলে যাচ্ছে।

- **কোরআনের ব্যাখ্যা:**

  সুরা আয-যারিয়াত (৫১:৪৭) তে উল্লেখিত "আমি তা সম্প্রসারণ করছি" বাক্যাংশটি সেই বৈজ্ঞানিক আবিষ্কারের সাথে একেবারে সামঞ্জস্যপূর্ণ। এই আয়াতটি যখন প্রায় ১৪০০ বছর পূর্বে অবতীর্ণ হয়, তখন মানবজীবনে মহাবিশ্বের সম্প্রসারণের ধারণা মোটেও বিদ্যমান ছিল না। সেই সময়ে এমন একটি ধারণা কল্পনারও বাইরে ছিল। কিন্তু আধুনিক যুগে বিজ্ঞানীরা

মহাবিশ্বের সম্প্রসারণ প্রক্রিয়া সম্পর্কে প্রমাণ উপস্থাপন করার পর, এটি কুরআনের এই আয়াতের সাথে একটি অসাধারণ সাদৃশ্যপূর্ণ সত্য হিসেবে প্রকাশিত হয়েছে।

- **অনুধাবনের দিক:**

  এই আয়াত আমাদের স্মরণ করিয়ে দেয় যে, সৃষ্টির প্রতিটি স্তরে আল্লাহর পরিকল্পনা ও জ্ঞান বিরাজ করে। মহাবিশ্বের সম্প্রসারণ কেবলমাত্র একটি মহাজাগতিক প্রক্রিয়া নয়, বরং তা সৃষ্টির গভীর রহস্য এবং তার অন্তর্নিহিত উদ্দেশ্যের প্রতি আমাদের দৃষ্টিভঙ্গিকে ও আরো ব্যাপক কৌতুহলী করে তুলে।

এইভাবে, সুরা আয-যারিয়াত (৫১:৪৭) তে বলা "আমি তা সম্প্রসারণ করছি' বাক্যাংশটি কেবল প্রাচীন আধ্যাত্মিক উপদেশ নয়, বরং আধুনিক বিজ্ঞানেও প্রমাণিত এক অসামান্য প্রক্রিয়া হিসেবে আমাদের সামনে হাজির হয়েছে। এটি পুনরায় স্মরণ করিয়ে দেয় যে, সৃষ্টিকর্তার সৃষ্টির প্রতিটি স্তরে বিজ্ঞান এবং আধ্যাত্মিকতার একটি গভীর সমন্বয় বিদ্যমান, যা মানব সভ্যতাকে চিরকাল অনুপ্রাণিত করে চলেছে।

৩.৩ আলোর সৃষ্টি ও অন্ধকারের সৃষ্টি

কুরআনের ব্যাখ্যা:

الْحَمْدُ لِلَّهِ الَّذِي خَلَقَ السَّمَاوَاتِ وَالْأَرْضَ وَجَعَلَ الظُّلُمَاتِ وَالنُّورَ ۖ ثُمَّ الَّذِينَ كَفَرُوا بِرَبِّهِمْ يَعْدِلُونَ

"সব প্রশংসা আল্লাহর, যিনি আকাশ ও পৃথিবী সৃষ্টি করেছেন এবং অন্ধকার ও আলো সৃষ্টি করেছেন। তবুও যারা কাফের, তারা তাদের রবের সাথে সমতুল্য স্থির করে।" **(সুরা আল-আন'আম, ৬:১)**

এই আয়াত সরাসরি আলোর ও অন্ধকারের সৃষ্টির উল্লেখ করে। আল্লাহর সৃষ্টির মাধ্যমে এই দুটি উপাদান সমগ্র জগতের ভারসাম্য রক্ষা করে। বৈজ্ঞানিক গবেষণা এই ধারণাকে আরও সমর্থন করে, যেখানে আলো ও অন্ধকারের প্রতিটি স্তর জীবজগৎ ও মহাজগতের জন্য অপরিহার্য বলে প্রমাণিত হয়েছে।

আলোর সৃষ্টি

আলো হচ্ছে পৃথিবীর জীবনের মূল ভিত্তি। সুরা আন-নূর (২৪:৩৫)-এ আল্লাহ বলেছেন:

ٱللَّهُ نُورُ ٱلسَّمَٰوَٰتِ وَٱلْأَرْضِ

"আল্লাহ আসমান ও জমিনের আলো।"

এটি প্রতীকী অর্থে আল্লাহর জ্ঞান ও দিকনির্দেশনাকে বোঝালেও ভৌত আলোও এই আয়াতের অন্তর্ভুক্ত হতে পারে। বৈজ্ঞানিকভাবে দেখা যায়, সূর্যের আলো পৃথিবীর প্রায় সব জীবের শক্তির প্রধান উৎস। আলো ছাড়া পৃথিবীতে প্রাণ টিকে থাকতে পারত না। তদুপরি, আল্লাহর আলো কেবল বাহ্যিক নয়; এটি মানুষের জ্ঞান, প্রজ্ঞা এবং হৃদয়ের আলোকিত হওয়ার পথ প্রদর্শন করে।

অন্ধকারের সৃষ্টি

هُوَ ٱلَّذِي جَعَلَ لَكُمُ ٱلَّيۡلَ لِتَسۡكُنُواْ فِيهِ وَٱلنَّهَارَ مُبۡصِرًاۚ

"তিনিই রাতকে বানিয়েছেন বিশ্রামের জন্য এবং দিনকে বানিয়েছেন দর্শনের জন্য।"

- সুরা ইউনুস, (১০:৬৭)

এই আয়াতের মাধ্যমে বোঝা যায়, অন্ধকার রাত মানুষের জন্য বিশ্রামের ও পুনর্নবীকরণের সময়। বিজ্ঞান বলছে, অন্ধকারে মেলাটোনিন হরমোন নিঃসরণ হয়, যা শরীরের ক্লান্তি দূর করে এবং ঘুমের চক্র সঠিকভাবে পরিচালনা করে।

আলো ও অন্ধকার: এক পরিপূরক সৃষ্টি

هُوَ ٱلَّذِى جَعَلَ ٱلَّيۡلَ وَٱلنَّهَارَ خِلۡفَةً لِّمَنۡ أَرَادَ أَن يَذَّكَّرَ أَوۡ أَرَادَ شُكُورًا

"তিনিই দিন এবং রাতকে পরস্পরের অনুসরণকারী করেছেন। যে চিন্তা করতে বা কৃতজ্ঞ হতে চায়, তার জন্য এতে নিদর্শন রয়েছে।

- সুরা আল- ফুরকান, ২৫: ৬২

আলো ও অন্ধকার একে অপরের পরিপূরক। দিনের আলো কাজের এবং জগতের গতিশীলতার জন্য অপরিহার্য, আর রাতের অন্ধকার বিশ্রামের সময় হিসেবে নির্ধারিত। বৈজ্ঞানিক দৃষ্টিতে, দিন-রাতের এই পরিবর্তন পৃথিবীর ঘূর্ণনের কারণে, যা মহাজাগতিক ভারসাম্য রক্ষা করে।

আলো এবং অন্ধকার—দুটি বিপরীত কিন্তু পরিপূরক উপাদান—আল্লাহর প্রজ্ঞা ও পরিকল্পনার নিদর্শন। কুরআন আল্লাহর এই সৃষ্টিকে গভীরভাবে উপলব্ধি করতে আমাদের অনুপ্রাণিত করে। আলো আমাদের দৃষ্টিশক্তি, বুদ্ধি এবং জ্ঞানের প্রতীক, আর অন্ধকার রহস্য, বিশ্রাম এবং চিন্তার গভীরতা প্রকাশ করে।

৩.৪ মহাবিশ্বের সূক্ষ্ম টিউনিং (Fine-Tuning of the Universe)

মহাবিশ্বের সূক্ষ্ম টিউনিং এমন একটি ধারণা, যা বলে যে আমাদের মহাবিশ্বে বিদ্যমান বিভিন্ন মৌলিক ধ্রুবক ও প্রাকৃতিক শক্তিগুলো এমনভাবে সুনির্দিষ্ট মানে নির্ধারিত হয়েছে, যা জীবনের অস্তিত্ব এবং বিকাশের জন্য আদর্শ পরিবেশ তৈরি করেছে। এটি একটি বিস্ময়কর বিষয় যে এই ধ্রুবক ও শক্তিগুলোর মধ্যে যদি সামান্যতম পরিবর্তন হতো, তাহলে জীবন তো বটেই, মহাবিশ্বও আজকের মতো স্থিতিশীল ও ভারসাম্যপূর্ণ থাকত না। এই সূক্ষ্ম টিউনিংয়ের কথা কোরআন বহু আগেই ইঙ্গিত দিয়েছে।

কোরআনের দৃষ্টিকোণ:

সুরা আল-মুল্ক (৬৭:৩)-এ বলা হয়েছে:

ٱلَّذِى خَلَقَ سَبْعَ سَمَـٰوَاتٍ طِبَاقًا ۖ مَّا تَرَىٰ فِى خَلْقِ ٱلرَّحْمَـٰنِ مِن تَفَـٰوُتٍ ۖ فَٱرْجِعِ
ٱلْبَصَرَ هَلْ تَرَىٰ مِن فُطُورٍ

"যিনি সাতটি আকাশ সৃষ্টি করেছেন, একটির সাথে অন্যটির পূর্ণ সামঞ্জস্য রয়েছে। তুমি পরম করুণাময়ের সৃষ্টিতে কোনো অসামঞ্জস্য দেখতে পাবে না। আবার দৃষ্টি ফেরাও, কোনো ফাটল বা বিচ্যুতি কি দেখতে পাও?"

এই আয়াত মহাবিশ্বের সূক্ষ্ম বিন্যাস এবং এর নিখুঁত সমন্বয়ের দিকে ইঙ্গিত করে। এটি বোঝায় যে মহাবিশ্বের প্রতিটি অংশ এবং প্রতিটি নিয়ম এমনভাবে সাজানো হয়েছে, যা আমাদের অস্তিত্বের জন্য অপরিহার্য।

সূক্ষ্ম টিউনিংয়ের বৈজ্ঞানিক দিক:

বর্তমান বিজ্ঞান মহাবিশ্বের সূক্ষ্ম টিউনিং সম্পর্কে কয়েকটি গুরুত্বপূর্ণ পয়েন্ট তুলে ধরে, যেগুলো কোরআনের বাণীর সাথে সামঞ্জস্যপূর্ণ:

1. **মহাবিশ্বের মৌলিক ধ্রুবক:**

মহাবিশ্বে বিদ্যমান বিভিন্ন ধ্রুবক, যেমন মহাকর্ষের শক্তি, বৈদ্যুতিক চার্জের শক্তি, এবং নিউক্লিয়ার শক্তি, এগুলোর মান এতটাই নির্ভুল যে যদি এগুলোতে সামান্যতম পরিবর্তন ঘটত, তাহলে মহাবিশ্বের অস্তিত্ব সম্ভব হতো না। উদাহরণস্বরূপ:

- যদি মহাকর্ষ শক্তি মাত্র ১%-এর একাংশ বেশি বা কম হতো, তাহলে মহাজাগতিক বস্তুগুলো গঠিত হতে পারত না।

- যদি শক্তিশালী নিউক্লিয়ার বল সামান্য দুর্বল হতো, তাহলে হাইড্রোজেন ছাড়া কোনো মৌল তৈরি হতো না, যা জীবনের জন্য অপরিহার্য।

2. **মহাজাগতিক ভারসাম্য:**

- পৃথিবী যদি সূর্য থেকে কিছুটা দূরে বা কাছে থাকত, তাহলে হয় এটি অত্যন্ত শীতল বা অত্যন্ত উত্তপ্ত হয়ে যেত।

- চাঁদের উপস্থিতি এবং তার আকর্ষণ পৃথিবীতে জোয়ার-ভাটার ভারসাম্য বজায় রাখে, যা জীবনের জন্য অপরিহার্য।

3. **কার্বন ভিত্তিক জীবন:**

কার্বনের মতো গুরুত্বপূর্ণ মৌল গঠনের জন্য প্রয়োজনীয় অবস্থাগুলো মহাবিশ্বের সূক্ষ্ম টিউনিংয়ের সবচেয়ে বড় উদাহরণ। এফ্রেড হোয়েলের মতো বিজ্ঞানী দেখিয়েছেন যে,

হিলিয়াম ও অক্সিজেনের মধ্যে নির্দিষ্ট ধ্রুবক না থাকলে কার্বন কখনোই তৈরি হতো না। এটি জীবনের অস্তিত্বের জন্য একান্তই অপরিহার্য।

কোরআন ও সূক্ষ্ম টিউনিংয়ের সমন্বয়:

সুরা আর-রহমান (৫৫:৭-৯)-এ বলা হয়েছে:

وَٱلسَّمَآءَ رَفَعَهَا وَوَضَعَ ٱلْمِيزَانَ
أَلَّا تَطْغَوْا۟ فِى ٱلْمِيزَانِ

"আকাশকে তিনি তুলেছেন এবং স্থাপন করেছেন পরিমাপ ও ভারসাম্য। যেন তোমরা পরিমাপে অন্যায় না করো।"

এখানে আকাশের ভারসাম্য এবং সৃষ্টির নিখুঁত পরিমাপের কথা উল্লেখ করা হয়েছে, যা সূক্ষ্ম টিউনিংয়ের ধারণার সাথে অভিন্ন। বৈজ্ঞানিকভাবে, মহাবিশ্বের প্রতিটি শক্তি ও ধ্রুবক পরিমিত মাত্রায় স্থির রয়েছে, যা পুরো মহাবিশ্বকে একত্রে ধরে রেখেছে এবং জীবনের জন্য উপযোগী পরিবেশ তৈরি করেছে।

সৃষ্টিকর্তার প্রজ্ঞার প্রতিফলন:

মহাবিশ্বের সূক্ষ্ম টিউনিং কেবল বিজ্ঞানীদের কাছে একটি বিস্ময় নয়; এটি সৃষ্টিকর্তার প্রজ্ঞার একটি শক্তিশালী প্রমাণ। সৃষ্টির এই নিখুঁত বিন্যাস প্রমাণ করে যে এটি কেবল দৈবক্রমে ঘটতে পারে না। কোরআনের বাণী আমাদেরকে প্রতিটি সৃষ্টির নিখুঁত বিন্যাস এবং এর উদ্দেশ্য সম্পর্কে গভীর চিন্তা করতে উৎসাহিত করে।

সুরা আর-রূম (৩০:৮)-এ বলা হয়েছে:

هَلْ يَسْتَوِى ٱلَّذِينَ يَعْلَمُونَ وَٱلَّذِينَ لَا يَعْلَمُونَ ۗ إِنَّمَا يَتَذَكَّرُ أُو۟لُوا۟ ٱلْأَلْبَـٰبِ

"তারা কি নিজেদের ভেতরে চিন্তা করে না? আল্লাহ আকাশমণ্ডলী ও পৃথিবী এবং এদের মধ্যবর্তী সবকিছু যথাযথভাবে ও নির্ধারিত সময়ের জন্য সৃষ্টি করেছেন।"

মহাবিশ্বের সূক্ষ্ম টিউনিং সম্পর্কে গবেষণা এবং কোরআনের আলোচনার মধ্যে বিস্ময়কর মিল বিদ্যমান। এটি প্রমাণ করে যে মহাবিশ্ব কোনো অযৌক্তিক ঘটনায় গড়ে ওঠেনি; বরং এটি পরিকল্পিত এবং উদ্দেশ্যপূর্ণভাবে সৃষ্টি হয়েছে। সূক্ষ্ম টিউনিং সৃষ্টিকর্তার প্রজ্ঞা ও সৃষ্টির নিখুঁততার দিকে ইঙ্গিত করে, যা আমাদের বিশ্বাসকে শক্তিশালী করে।

৩.৫ সৃষ্টির সুসংহত বিন্যাস ও সৃজনশীল নিয়মাবলী (Cosmic Order and Inherent Laws)

পবিত্র কোরআন একটি বিশাল সৃষ্টিতত্ত্বের "ম্যানুয়াল" হিসেবে কাজ করে, যেখানে সৃষ্টির প্রতিটি উপাদানের মধ্যে থাকা সুসংহত বিন্যাস এবং সুনির্দিষ্ট নিয়মাবলীর প্রতি দৃষ্টি আকর্ষণ

করা হয়েছে। আকাশমণ্ডলী, পৃথিবী এবং মহাবিশ্বের প্রতিটি উপাদানের কার্যপ্রণালীতে আল্লাহর সৃজনশীল ক্ষমতার প্রমাণ ছড়িয়ে আছে।

সুরা আর-রহমান (৫৫:৭-৯)-এ বলা হয়েছে:

وَٱلسَّمَآءَ رَفَعَهَا وَوَضَعَ ٱلْمِيزَانَ
أَلَّا تَطْغَوْا۟ فِى ٱلْمِيزَانِ

"আকাশকে তিনি তুলেছেন এবং স্থাপন করেছেন পরিমাপ ও ভারসাম্য। যেন তোমরা পরিমাপে অন্যায় না করো।"

এই আয়াতে প্রকৃতির ভারসাম্য এবং সবকিছুর পরিমিতি রক্ষা করার কথা বলা হয়েছে। আধুনিক বিজ্ঞানীদের মতে, এই ভারসাম্য বা সমতা মহাবিশ্বের মৌলিক নীতির প্রতিফলন। যেমন—মাধ্যাকর্ষণ শক্তি, ইলেক্ট্রোম্যাগনেটিক শক্তি, এবং পরমাণুর অভ্যন্তরীণ শক্তি—সবকিছু নিখুঁতভাবে সামঞ্জস্যপূর্ণ না হলে, মহাবিশ্বের অস্তিত্বই সম্ভব হতো না।

আধুনিক বিজ্ঞানীরা এই সমন্বিত ব্যবস্থাকে "**Cosmic Order**" বা মহাজাগতিক নিয়মাবলী বলে অভিহিত করেন। এই নিয়মাবলীর মাধ্যমে প্রকৃতি কার্যকরী থাকে, এবং তা কোনো বিশৃঙ্খল অবস্থায় নয়, বরং এক চমৎকার সুশৃঙ্খলতায় পরিচালিত হয়।

আয়াতের বৈজ্ঞানিক বিশ্লেষণ

কোরআনে বারবার বলা হয়েছে যে পৃথিবী এবং মহাবিশ্বের প্রতিটি উপাদান নির্ধারিত কক্ষপথে চলে এবং এর পেছনে সুস্পষ্ট নিয়মাবলী রয়েছে।

সুরা আল-আম্বিয়া (২১:৩৩)-এ উল্লেখ আছে:

وَهُوَ ٱلَّذِى خَلَقَ ٱلَّيْلَ وَٱلنَّهَارَ وَٱلشَّمْسَ وَٱلْقَمَرَ ۖ كُلٌّ فِى فَلَكٍ يَسْبَحُونَ

"আর তিনি হলেন সেই মহান ব্যক্তি, যিনি রাত্রি ও দিন, সূর্য ও চন্দ্র সৃষ্টি করেছেন। প্রত্যেকটি তাদের নির্ধারিত কক্ষপথে চলছে।"

এই আয়াতের ইঙ্গিত অত্যন্ত গভীর। এটি শুধু জ্যোতির্বিজ্ঞান নয়, পদার্থবিজ্ঞান এবং মহাজাগতিক কার্যকলাপের ব্যাপারেও প্রযোজ্য। প্রতিটি গ্রহ, নক্ষত্র এবং গ্যালাক্সি নির্ধারিত গতিতে চলছে। যদি এই কক্ষপথের নিয়মে সামান্যতম ব্যতিক্রম ঘটে, তাহলে সমগ্র মহাবিশ্বে বিশৃঙ্খলা দেখা দেবে।

মহাবিশ্বে সৃষ্টির সমতা এবং ভারসাম্য:

বিজ্ঞানীরা দেখিয়েছেন যে মহাবিশ্বে প্রাকৃতিক নিয়মগুলো অত্যন্ত সূক্ষ্মভাবে সামঞ্জস্যপূর্ণ। উদাহরণস্বরূপ:

- **মাধ্যাকর্ষণ শক্তি**: যদি এটি সামান্য শক্তিশালী হতো, তবে গ্রহগুলো নিজেদের কেন্দ্রের দিকে ভেঙে পড়ত। আর যদি এটি দুর্বল হতো, তবে গ্রহ-নক্ষত্র কোনো আকৃতি ধরে রাখতে পারত না।

- **কার্বন এবং অক্সিজেনের উপস্থিতি**: যদি কার্বন এবং অক্সিজেন তৈরি হওয়ার প্রক্রিয়াটি সামান্যতম ভিন্ন হতো, তবে প্রাণের অস্তিত্ব কখনো সম্ভব হতো না।

এই সমস্ত নিয়মাবলী কোরআনের বর্ণনার সাথে পুরোপুরি সামঞ্জস্যপূর্ণ। আল্লাহ নিজেই কোরআনে উল্লেখ করেছেন যে, সৃষ্টিজগতে কোনো ত্রুটি বা অসামঞ্জস্য নেই।

সুরা আল-মুল্ক (৬৭:৩-৪):

ٱلَّذِى خَلَقَ سَبْعَ سَمَـٰوَٰتٍ طِبَاقًا ۖ
مَّا تَرَىٰ فِى خَلْقِ ٱلرَّحْمَـٰنِ مِن تَفَـٰوُتٍ ۖ فَٱرْجِعِ ٱلْبَصَرَ هَلْ تَرَىٰ مِن فُطُورٍ
ثُمَّ ٱرْجِعِ ٱلْبَصَرَ كَرَّتَيْنِ يَنقَلِبْ إِلَيْكَ ٱلْبَصَرُ خَاسِئًا وَهُوَ حَسِيرٌ

"***তিনি সাত আকাশ স্তরে স্তরে সৃষ্টি করেছেন। তোমরা দৃষ্টি ফেরাও, কোনো ত্রুটি দেখতে পাও কি? তারপর পুনরায় দৃষ্টি ফেরাও, দৃষ্টি ক্লান্ত হয়ে তোমার কাছে ফিরে আসবে।***"

এখানে আকাশ ও পৃথিবীর সৃষ্টিকে এমন নিখুঁতভাবে বর্ণনা করা হয়েছে, যা পুনরাবৃত্তি করে পরীক্ষা করলেও কোনো ত্রুটি খুঁজে পাওয়া যাবে না। এই আয়াতের মাধ্যমে কোরআন প্রকৃতির নিখুঁত বিন্যাস এবং স্রষ্টার সৃষ্টিশীল শক্তির প্রতি মানুষের মনোযোগ আকর্ষণ করেছে।

আধুনিক বিজ্ঞানের দৃষ্টিভঙ্গি

মহাবিশ্বের গঠন এবং এর কার্যকারিতার পেছনে কিছু নির্দিষ্ট গণিত, বিজ্ঞান এবং পদার্থবিজ্ঞানের নিয়ম কাজ করছে। এই নিয়মগুলোর প্রতিটি মানব অস্তিত্বের জন্য অত্যন্ত গুরুত্বপূর্ণ। বিজ্ঞানীরা একে বলে "**Fine-Tuned Universe**"। এর অর্থ, মহাবিশ্বে সবকিছু এমনভাবে নির্ধারিত যে জীবন সৃষ্টি এবং স্থায়িত্ব সম্ভব হয়েছে।

উদাহরণ:

1. **মহাবিশ্বের প্রসারণের হার:**

যদি মহাবিশ্বের প্রসারণের হার একটি নির্দিষ্ট সীমার বাইরে থাকত, তাহলে মহাবিশ্ব হয় ভেঙে পড়ত, নয়তো এত দ্রুত প্রসারিত হতো যে কোনো গ্রহ বা নক্ষত্রের সৃষ্টি সম্ভব হতো না।

2. **ভৌত ধ্রুবকসমূহের নিখুঁত মান:**

মহাবিশ্বে বিদ্যমান পদার্থবিজ্ঞানীয় ধ্রুবক, যেমন মাধ্যাকর্ষণ ধ্রুবক বা ইলেক্ট্রোম্যাগনেটিক শক্তি, এতটাই সুনির্দিষ্ট যে, সামান্যতম পরিবর্তন মহাবিশ্বের অস্তিত্বকে বিপন্ন করতে পারত।

এ সমস্ত বৈজ্ঞানিক পর্যবেক্ষণ আল-কোরআনের সেই বক্তব্যকেই প্রমাণ করে যে, সৃষ্টিজগতে এমন এক সুশৃঙ্খল ব্যবস্থা আছে যা সর্বোচ্চ স্রষ্টার ইচ্ছায় পরিচালিত।

কোরআনের নির্দেশনা: সৃষ্টির নিদর্শনে চিন্তা করার আহ্বান

কোরআনে বহুবার সৃষ্টির নিদর্শন নিয়ে চিন্তা করার আহ্বান জানানো হয়েছে। এটি শুধুমাত্র আধ্যাত্মিক নয়, বরং বৈজ্ঞানিক দৃষ্টিকোণ থেকেও গুরুত্বপূর্ণ।

সুরা আল-ইমরান (৩:১৯০):

إِنَّ فِي خَلْقِ ٱلسَّمَـٰوَٰتِ وَٱلْأَرْضِ وَٱخْتِلَـٰفِ ٱلَّيْلِ وَٱلنَّهَارِ لَـَٔايَـٰتٍ لِّأُو۟لِى ٱلْأَلْبَـٰبِ

"নিশ্চয়ই আকাশমণ্ডলী ও পৃথিবীর সৃষ্টিতে এবং রাত-দিনের পরিবর্তনে জ্ঞানীদের জন্য নিদর্শন রয়েছে।"

এই আয়াতটি কেবল আধ্যাত্মিকতা নয়, বরং বৈজ্ঞানিক অনুসন্ধানের ক্ষেত্রেও নির্দেশ করে। মহাবিশ্বের এই সুবিন্যস্ত কার্যপ্রণালী, ভারসাম্য এবং সুসংহত বিন্যাস মানুষকে সৃষ্টিকর্তার শক্তি এবং জ্ঞান সম্পর্কে চিন্তা করতে উদ্বুদ্ধ করে।

মহাবিশ্বের সুশৃঙ্খল কার্যপ্রণালী এবং এর সূক্ষ্ম ব্যালেন্স প্রমাণ করে যে, এটি কোনো আকস্মিক দুর্ঘটনার ফল নয়। বরং এটি এমন এক স্রষ্টার নিখুঁত পরিকল্পনার অংশ, যিনি প্রত্যেকটি অনু থেকে বিশাল নক্ষত্র পর্যন্ত একই নিয়মের অধীনে পরিচালিত করেন। কোরআন আমাদেরকে এই সৃষ্টির পেছনের গভীরতর তত্ত্বগুলো উপলব্ধি করার জন্য আহ্বান জানিয়েছে, যাতে আমরা স্রষ্টার প্রতি গভীর শ্রদ্ধা এবং বিশ্বাস নিয়ে এগিয়ে যেতে পারি।

চতুর্থ অধ্যায়
প্রাকৃতিক প্রতিরক্ষামূলক ব্যবস্থাসমূহ

আল্লাহ সুবহানাহু ওয়া তায়ালা পৃথিবীকে এমন এক নিখুঁত সৃষ্টির নমুনা হিসেবে তৈরি করেছেন, যেখানে প্রতিটি উপাদান পরস্পর সংযুক্ত এবং নির্ভরশীল। সৃষ্টিজগতের এমন সূক্ষ্ম এবং সুসংহত ব্যবস্থাপনা একদিকে যেমন আল্লাহর অসীম জ্ঞান ও প্রজ্ঞার প্রমাণ বহন করে, তেমনি মানবজাতিকে আহ্বান জানায় এর বৈজ্ঞানিক বিশ্লেষণ ও উপলব্ধি করার জন্য।

পবিত্র কোরআন আমাদের দৃষ্টি আকর্ষণ করে প্রকৃতির প্রতিরক্ষামূলক ব্যবস্থা, ভারসাম্য এবং সুরক্ষা ব্যবস্থার দিকে। এই ব্যবস্থাগুলো এতটাই নিখুঁতভাবে স্থাপিত যে, পৃথিবীর জীববৈচিত্র্য এবং পরিবেশ রক্ষায় এগুলো অপরিহার্য ভূমিকা পালন করে। আকাশ, পাহাড়, সমুদ্র, বাতাস—এগুলো শুধু সৃষ্টির উপাদান নয়, বরং এগুলোর মধ্যে রয়েছে আমাদের জন্য আল্লাহর অসীম দয়া এবং জীবন টিকিয়ে রাখার সুরক্ষা চক্র।

প্রকৃতির প্রতিরক্ষামূলক ব্যবস্থাগুলো কেন গুরুত্বপূর্ণ?

আমাদের চারপাশের পরিবেশ এবং প্রকৃতি এমনভাবে সজ্জিত যে, এটি মানুষের জীবনের সুরক্ষায় গুরুত্বপূর্ণ ভূমিকা পালন করে।

1. **আকাশের প্রতিরক্ষামূলক ভূমিকা:** সূর্যের অতিবেগুনী রশ্মি থেকে সুরক্ষা প্রদান।

2. **পাহাড়ের ভূমিকা:** ভূমি স্থায়িত্ব এবং ভারসাম্য রক্ষা।

3. **বায়ুমণ্ডলের উপাদান:** জীববৈচিত্র্য এবং জীবনের মৌলিক চাহিদা পূরণ।

4. **সমুদ্র ও জলের চক্র**: পানি সরবরাহ এবং খাদ্যশৃঙ্খলে ভারসাম্য বজায় রাখা।

কোরআনের বিভিন্ন আয়াতে এই প্রতিরক্ষামূলক ব্যবস্থাগুলোর কথা উল্লেখ রয়েছে, যা আমাদের জন্য একদিকে আল্লাহর শক্তিমত্তা এবং করুণার প্রমাণ, আর অন্যদিকে গবেষণা এবং অধ্যয়নের আহ্বান।

এই অধ্যায়ের উদ্দেশ্য

এই অধ্যায়ে আমরা পবিত্র কোরআনের আয়াতের আলোকে প্রকৃতির বিভিন্ন প্রতিরক্ষামূলক ব্যবস্থা বিশ্লেষণ করবো। এখানে তুলে ধরা হবে:

1. কীভাবে ওজোন স্তর আকাশকে আমাদের জন্য সুরক্ষা দেয়।

2. পাহাড়ের শিকড়ের মাধ্যমে ভূমির স্থায়িত্ব কিভাবে বজায় থাকে।

3. উচ্চতায় অক্সিজেনের অভাব ও এর বিজ্ঞানসম্মত ব্যাখ্যা।

এই আলোচনা শুধু কোরআনের আলোকেই সীমাবদ্ধ নয়, বরং এর বৈজ্ঞানিক প্রেক্ষাপট তুলে ধরার মাধ্যমে আমরা কোরআনের অলৌকিকতাকে আরও গভীরভাবে উপলব্ধি করতে পারবো।

৪.১ আকাশে অদৃশ্য বাধা (Ozone Layer)

পবিত্র কোরআন প্রকৃতির বিভিন্ন উপাদান এবং সেগুলোর কার্যকারিতা নিয়ে গভীর ইঙ্গিত প্রদান করেছে। আকাশকে সুরক্ষা এবং প্রতিরক্ষার উপায় হিসেবে বর্ণনা করে আল্লাহ তা'আলা বলেন:

وَجَعَلْنَا ٱلَّيْلَ وَٱلنَّهَارَ ءَايَتَيْنِ ۖ فَمَحَوْنَآ ءَايَةَ ٱلَّيْلِ وَجَعَلْنَآ ءَايَةَ
ٱلنَّهَارِ مُبْصِرَةً لِّتَبْتَغُوا۟ فَضْلًا مِّن رَّبِّكُمْ وَلِتَعْلَمُوا۟ عَدَدَ ٱلسِّنِينَ
وَٱلْحِسَابَ ۚ وَكُلَّ شَىْءٍ فَصَّلْنَٰهُ تَفْصِيلًا

"*আমি আকাশকে একটি সুরক্ষিত ছাদ বানিয়েছি, অথচ তারা এর নিদর্শনগুলো থেকে মুখ ফিরিয়ে নেয়।*" -সুরা আল-আম্বিয়া: (২১:৩২)

আধুনিক বিজ্ঞান আবিষ্কার করেছে যে পৃথিবীর বায়ুমণ্ডলে একটি স্তর রয়েছে, যাকে ওজোন স্তর (Ozone Layer) বলা হয়। এই স্তর সূর্যের ক্ষতিকারক অতিবেগুনী রশ্মিকে শোষণ করে পৃথিবীর প্রাণীজগৎকে সুরক্ষা দেয়। যদি এই স্তরটি না থাকত, তাহলে সূর্যের তীব্র রশ্মি সরাসরি পৃথিবীতে পড়ে জীবের অস্তিত্ব বিপন্ন করত। এই ওজোন স্তর আকাশের একটি অদৃশ্য বাধা, যা কোরআনে বর্ণিত 'সুরক্ষিত ছাদ'-এর ধারণার সঙ্গে সামঞ্জস্যপূর্ণ।

ওজোন স্তরের কার্যকারিতা

ওজোন স্তরের প্রধান ভূমিকা হলো সূর্যের অতিবেগুনী রশ্মি (UV rays) শোষণ করা। অতিবেগুনী রশ্মি তিন ভাগে বিভক্ত:

1. **UV-A:** এই রশ্মি তুলনামূলক কম ক্ষতিকর।

2. **UV-B:** এটি ত্বক এবং চোখের জন্য ক্ষতিকারক।

3. **UV-C:** এটি সবচেয়ে ক্ষতিকারক, তবে ওজোন স্তর এটি পুরোপুরি শোষণ করে।

কোরআনে যখন আকাশকে 'সুরক্ষিত ছাদ' হিসেবে বর্ণনা করা হয়, তখন এর মাধ্যমে এই স্তরের প্রতিরক্ষামূলক বৈশিষ্ট্যগুলোকে নির্দেশ করা হতে পারে।

প্রাসঙ্গিক ব্যাখ্যা

কোরআনের এই আয়াত শুধুমাত্র আধ্যাত্মিক ইঙ্গিত নয়, বরং এটি মানবজাতিকে প্রকৃতি এবং বিজ্ঞান নিয়ে গবেষণার আহ্বান জানায়। ওজোন স্তরের মতো প্রতিরক্ষামূলক ব্যবস্থাগুলো প্রমাণ করে যে আল্লাহ তা'আলা মানব জীবনের স্থায়িত্ব নিশ্চিত করার জন্য পৃথিবীকে সুপরিকল্পিতভাবে সৃষ্টি করেছেন।

কোরআনের বার্তা ও আধুনিক বিজ্ঞান

যদিও ওজোন স্তর আবিষ্কৃত হয়েছে ২০শ শতকে, কোরআনের আয়াতগুলোতে সেগুলো সম্পর্কে ১৪০০ বছর আগে ইঙ্গিত পাওয়া যায়। এটি দেখায় যে কোরআন শুধুমাত্র আধ্যাত্মিক গ্রন্থ নয়, বরং সৃষ্টির বৈজ্ঞানিক মাপকাঠিও বটে।

এই আয়াত এবং এর বৈজ্ঞানিক ব্যাখ্যা থেকে আমরা শিক্ষা পাই যে, সৃষ্টিকর্তার সৃষ্টিকে বোঝার জন্য বিজ্ঞান একটি গুরুত্বপূর্ণ মাধ্যম। প্রাকৃতিক প্রতিরক্ষামূলক ব্যবস্থাগুলো মানুষের কল্যাণের জন্য নির্ধারিত এবং এটি আল্লাহর অনুগ্রহেরই একটি নিদর্শন।

৪.২ পাহাড়ের শিকড়: স্থিতিশীলতার প্রতীক (Mountains as Pegs for Stability)

পবিত্র কোরআনে পাহাড়ের ভূমিকা নিয়ে অসংখ্য আয়াতে আল্লাহ তায়ালা আমাদের দৃষ্টি আকর্ষণ করেছেন। পাহাড় শুধু পৃথিবীর শোভা বা প্রকৃতির উপাদান নয়; এটি পৃথিবীর স্থিতিশীলতা এবং পরিবেশ রক্ষার জন্য অপরিহার্য। আল্লাহ তায়ালা সুরা আন-নাবা (৭৮:৬-৭)-এ বলেছেন:

أَلَمْ نَجْعَلِ ٱلْأَرْضَ مِهَٰدًا وَٱلْجِبَالَ أَوْتَادًا

"আমি কি পৃথিবীকে বিছানা এবং পাহাড়কে খুঁটির মতো তৈরি করিনি?"

এখানে 'খুঁটি' শব্দটি (আরবি: أوتاد) বিশেষ তাৎপর্য বহন করে। এটি ইঙ্গিত করে যে, পাহাড় কেবল উপরে দৃশ্যমান নয়, বরং এর বেশিরভাগ অংশ ভূগর্ভে প্রবেশ করেছে, যা এক বিশাল শিকড়ের মতো কাজ করে।

বৈজ্ঞানিক দৃষ্টিকোণ থেকে ব্যাখ্যা

বিজ্ঞান দীর্ঘ গবেষণার মাধ্যমে আবিষ্কার করেছে যে, পাহাড় আসলে পৃথিবীর ভূত্বকের ভারসাম্য বজায় রাখার জন্য এক ধরনের প্রাকৃতিক খুঁটি। টেকটোনিক প্লেটগুলো যখন স্থান পরিবর্তন করে, তখন পাহাড় স্থিতিশীলতা বজায় রাখতে সাহায্য করে।

১. **আলপাইন ভর:** পাহাড়ের নিচের অংশে ভারী শিকড় থাকে, যা ভূমির চাপ সামঞ্জস্য রাখে।

২. **টেকটোনিক প্লেটের ভারসাম্য**: পৃথিবীর অভ্যন্তরে প্লেটগুলো একে অপরের সাথে সংঘর্ষে লিপ্ত হলেও পাহাড় স্থিতিশীলতা রক্ষা করে।

৩. **ভূকম্প প্রতিরোধ**: ভূমিকম্প বা প্লেটের মুভমেন্টের সময় পাহাড় ভূমি স্থির রাখতে সহায়তা করে।

বিশিষ্ট ভূতত্ত্ববিদরা বলেছেন, পাহাড়ের উভয় অংশ—উপরিভাগ ও ভূগর্ভস্থ শিকড়—পৃথিবীর ভূপৃষ্ঠের ভারসাম্য বজায় রাখার জন্য অপরিহার্য।

পাহাড় এবং কোরআনের অলৌকিকতা

পবিত্র কোরআনে পাহাড়ের ভূমিকা নিয়ে এমন তথ্য ১৪০০ বছর আগে দেয়া হয়েছে, যা আধুনিক যুগে ভূতত্ত্বের গবেষণা দ্বারা প্রমাণিত হয়েছে।

এটি কোরআনের অলৌকিকত্বের এক জীবন্ত উদাহরণ।

সূরা আন-নাবা (৭৮:৬-৭)-এ আল্লাহ তায়ালা বলেন:

أَلَمْ نَجْعَلِ ٱلْأَرْضَ مِهَٰدًا وَٱلْجِبَالَ أَوْتَادًا

"আমি কি পৃথিবীকে বিছানা এবং পাহাড়কে খুঁটির ন্যায় স্থাপন করিনি?"

এই আয়াতে “খুঁটি” শব্দটি দ্বারা বোঝানো হয়েছে যে, পাহাড়ের দৃশ্যমান অংশের নিচে বিশাল ভূপৃষ্ঠ-আবদ্ধ শিকড় রয়েছে, যা ভূভাগের ভারসাম্য রক্ষা করে এবং ভূকম্পনের ঝুঁকি হ্রাস করে। এটি আধুনিক ভূতত্ত্বে "isostasy" নামে পরিচিত একটি ধারণার সঙ্গে মিলে যায়।

সূরা আল-আম্বিয়া (২১:৩১)-তেও বলা হয়েছে:

وَجَعَلْنَا فِى ٱلْأَرْضِ رَوَٰسِىَ أَن تَمِيدَ بِهِمْ

“আমি পৃথিবীতে সুদৃঢ় পর্বতমালা স্থাপন করেছি, যেন তা তাদের নিয়ে কাঁপতে না পারে।”

এই আয়াতগুলো প্রমাণ করে যে, কোরআন শুধুমাত্র আধ্যাত্মিক পথনির্দেশই দেয় না, বরং প্রকৃতির গভীর জ্ঞান ও বিজ্ঞানের সূক্ষ্মতম দিক সম্পর্কেও আলোকপাত করে।

৪.৩ উচ্চতায় অক্সিজেনের অভাব

- সুরা আল-আন'আম (৬:১২৫):

فَمَن يُرِدِ ٱللَّهُ أَن يَهْدِيَهُۥ يَشْرَحْ صَدْرَهُۥ لِلْإِسْلَـٰمِ ۖ وَمَن يُرِدْ أَن يُضِلَّهُۥ يَجْعَلْ صَدْرَهُۥ ضَيِّقًا حَرَجًا كَأَنَّمَا يَصَّعَّدُ فِي ٱلسَّمَآءِ ۚ كَذَٰلِكَ يَجْعَلُ ٱللَّهُ ٱلرِّجْسَ عَلَى ٱلَّذِينَ لَا يُؤْمِنُونَ

"আল্লাহ যার জন্য পথনির্দেশ কামনা করেন, তাঁর বক্ষকে ইসলামের জন্য উন্মুক্ত করে দেন। আর যাকে ভ্রষ্ট করতে চান, তার বক্ষকে সংকীর্ণ এবং বদ্ধ করে দেন, যেন সে আকাশে আরোহণ করছে। এভাবেই আল্লাহ মুমিন না হওয়া লোকদের উপর গ্লানি বর্ষণ করেন।"

পবিত্র কোরআনের এই আয়াতটি শুধু আধ্যাত্মিক ব্যাখ্যাই প্রদান করে না, বরং এর একটি বৈজ্ঞানিক ব্যাখ্যাও আছে। উচ্চতায় উঠার সাথে সাথে বায়ুর চাপ কমে এবং অক্সিজেনের পরিমাণ হ্রাস পায়। কোরআন এখানে অত্যন্ত নিখুঁতভাবে সেই অভিজ্ঞতার বর্ণনা দিয়েছে যা আজ আমরা আধুনিক বিজ্ঞানের মাধ্যমে বুঝতে পেরেছি।

বৈজ্ঞানিক দৃষ্টিকোণ থেকে বিশ্লেষণ

বিজ্ঞান দীর্ঘদিন গবেষণা করে দেখেছে যে উচ্চতায় ওঠার সঙ্গে সঙ্গে মানুষের দেহে এক ধরনের শারীরিক চাপ সৃষ্টি হয়। এই প্রক্রিয়াটি কোরআনের বর্ণনার সঙ্গে চমৎকারভাবে মিলে যায়।

উচ্চতায় বায়ুর চাপ ও অক্সিজেন ঘাটতি:

1. অক্সিজেনের ঘনত্ব হ্রাস:

- সমুদ্রপৃষ্ঠে বায়ুতে প্রায় ২১% অক্সিজেন থাকে। কিন্তু উচ্চতায় উঠলে বায়ুর চাপ কমে যায় এবং অক্সিজেনের ঘনত্বও হ্রাস পায়।

- যখন একজন ব্যক্তি উচ্চ পর্বতশৃঙ্গ বা মহাকাশে যান, তখন তার শরীরে অক্সিজেনের অভাবে শ্বাসকষ্ট হয় এবং বুক সংকুচিত অনুভূত হয়।

2. Hypoxia বা অক্সিজেন অভাব:

- উচ্চতায় উঠলে দেহে কম অক্সিজেন প্রবেশ করে, যা মস্তিষ্ক ও ফুসফুসে Hypoxia (অক্সিজেন ঘাটতির অবস্থা) তৈরি করে। এর ফলে শারীরিকভাবে বুক সংকোচন বা দম বন্ধ হওয়ার মতো অনুভূতি হয়।

- এটি কোরআনে বর্ণিত "**বক্ষ সংকোচন**" অনুভূতির সরাসরি ব্যাখ্যা।

3. পর্বতারোহণের সময় শারীরিক পরিবর্তন:

- যারা উচ্চ পর্বতে আরোহণ করেন, তারা প্রায়ই মাথা ঘোরা, বমি, এবং বুক ধড়ফড় করার মতো লক্ষণ অনুভব করেন। এই প্রক্রিয়াটি বায়ুপ্রবাহের অভাব এবং শরীরে অক্সিজেন কমে যাওয়ার কারণে হয়।

আয়াতের আধ্যাত্মিক ও বৈজ্ঞানিক দৃষ্টিকোণ

পবিত্র কোরআনের এই আয়াতে বুক সংকোচনের অনুভূতিকে আল্লাহ পথহারা মানুষের অবস্থার সঙ্গে তুলনা করেছেন। যারা সঠিক পথে নেই, তাদের জন্য বক্ষ সংকুচিত হয়ে যায়। আবার এই একই বর্ণনা উচ্চতায় অক্সিজেনের অভাবে মানুষের শারীরিক অবস্থাকেও তুলে ধরে।

আধ্যাত্মিক দৃষ্টিকোণ:

- আল্লাহ তাআলা এখানে মানুষের মানসিক এবং আধ্যাত্মিক অবস্থার সঙ্গে শারীরিক বাস্তবতাকে যুক্ত করেছেন।

- উচ্চতায় উঠে বুকের সংকোচনের অনুভূতি যেমন কষ্টদায়ক, তেমনি আল্লাহর দিকনির্দেশনা ছাড়া জীবনের পথও একইভাবে কঠিন এবং বেদনাদায়ক হয়ে ওঠে।

বৈজ্ঞানিক দৃষ্টিকোণ:

- উচ্চতায় অক্সিজেনের অভাবের ফলে দেহ যে শারীরিক চ্যালেঞ্জের সম্মুখীন হয়, তা পবিত্র কোরআনে অত্যন্ত নিখুঁতভাবে বর্ণিত হয়েছে।

- এই তথ্য সেই যুগে জানা ছিল না। এটি কোরআনের বৈজ্ঞানিক অলৌকিকতার একটি উদাহরণ।

সুরা আল-আন'আম-এর এই আয়াত আমাদের দেখায় যে, কোরআন মানবজীবনের প্রতিটি দিক স্পর্শ করেছে—চাই তা আধ্যাত্মিক হোক বা বৈজ্ঞানিক। উচ্চতায় অক্সিজেনের অভাবের এই বাস্তবতাকে ১৪০০ বছর আগে কোরআন বর্ণনা করেছে, যা আধুনিক বিজ্ঞানের সঙ্গে অভূতপূর্ব সামঞ্জস্যপূর্ণ।

পঞ্চম অধ্যায়:
জীববিজ্ঞান ও মানব দেহ

এই অধ্যায়ে পবিত্র কোরআনে মানবদেহ ও জীববিজ্ঞানের বিভিন্ন বিষয়ের উল্লেখ এবং আধুনিক বিজ্ঞানের সঙ্গে তাদের সামঞ্জস্য বিশ্লেষণ করা হবে। কোরআন মানব সৃষ্টির সূচনা, দেহের অভ্যন্তরীণ কার্যক্রম, এবং জীবনের জটিলতা সম্পর্কে এমন কিছু তথ্য প্রদান করে, যা আধুনিক বিজ্ঞান বহু শতাব্দী পর আবিষ্কার করেছে।

৫.১ ভ্রূণের বিকাশ

- সুরা আল-মুমিনুন (২৩:১২-১৪):

وَلَقَدۡ خَلَقۡنَا ٱلۡإِنسَٰنَ مِن سُلَٰلَةٖ مِّن طِينٖ (١٢) ثُمَّ جَعَلۡنَٰهُ نُطۡفَةٗ فِي قَرَارٖ مَّكِينٖ (١٣) ثُمَّ خَلَقۡنَا ٱلنُّطۡفَةَ عَلَقَةٗ فَخَلَقۡنَا ٱلۡعَلَقَةَ مُضۡغَةٗ فَخَلَقۡنَا ٱلۡمُضۡغَةَ عِظَٰمٗا فَكَسَوۡنَا ٱلۡعِظَٰمَ لَحۡمٗا ثُمَّ أَنشَأۡنَٰهُ خَلۡقًا ءَاخَرَۚ فَتَبَارَكَ ٱللَّهُ أَحۡسَنُ ٱلۡخَٰلِقِينَ (١٤)

"আর নিশ্চয়ই আমি মানুষকে মাটি থেকে সৃষ্ট করেছি। তারপর

তাকে শুক্রবিন্দুর আকারে এক সুরক্ষিত স্থানে স্থাপন করেছি। তারপর শুক্রবিন্দুকে জমাট রক্তে পরিণত করেছি। তারপর সেই জমাট রক্তকে এক টুকরা মাংসে পরিণত করেছি। তারপর সেই মাংসপিণ্ডকে হাড়ে রূপ দিয়েছি। তারপর হাড়গুলোকে মাংস দিয়ে ঢেকে দিয়েছি। তারপর তাকে সম্পূর্ণ নতুন একটি রূপ দিয়েছি। অতএব, মহিমান্বিত তিনি, যিনি সর্বোত্তম সৃষ্টিকর্তা।"

ভূমিকা

এই আয়াতটি মানব সৃষ্টির প্রাথমিক পর্যায় থেকে শুরু করে জন্মের আগ পর্যন্ত ভ্রূণের বিকাশের বিভিন্ন ধাপ বর্ণনা করে। কোরআনের এই বর্ণনাগুলো আধুনিক চিকিৎসা বিজ্ঞান এবং ভ্রূণতত্ত্ব (Embryology) আবিষ্কারের বহু আগে উত্থাপিত হয়েছিল।

বৈজ্ঞানিক ব্যাখ্যা ও পর্যায়ক্রমিক বিকাশ

আধুনিক ভ্রূণতত্ত্ব অনুসারে, মানব সৃষ্টির বিভিন্ন ধাপ কোরআনের আয়াতের সঙ্গে চমৎকারভাবে মিলে যায়।

1. শুক্রবিন্দু থেকে শুরু:

- বিজ্ঞান প্রমাণ করেছে যে মানব সৃষ্টির সূচনা শুক্রাণু এবং ডিম্বাণুর মিলন থেকে হয়, যা কোরআনে "শুক্রবিন্দু" হিসেবে উল্লেখ করা হয়েছে।
- এই "শুক্রবিন্দু" এক সুরক্ষিত স্থানে, অর্থাৎ মাতৃগর্ভে স্থাপিত হয়।

2. জমাট রক্ত:

- ভ্রূণের প্রথম পর্যায়ে এটি রক্তের মতো একটি স্তরে পরিণত হয়, যা আধুনিক চিকিৎসা বিজ্ঞান অনুযায়ী "blastocyst" নামে পরিচিত।

- এটি মাতৃগর্ভে নিজেকে দৃঢ়ভাবে সংযুক্ত করে এবং ক্রমশ বিকাশ লাভ করে।

3. মাংসপিণ্ডের রূপ:

- ভ্রূণ দ্রুত কোষ বিভাজনের মাধ্যমে এক "মাংসপিণ্ড" আকারে পরিণত হয়।

- বিজ্ঞানীরা বলেছেন যে এটি দেখতে একেবারেই "chewed substance"-এর মতো, যা কোরআনে বলা "মাংসপিণ্ড"-এর সঙ্গে সামঞ্জস্যপূর্ণ।

4. হাড়ের বিকাশ এবং মাংসের স্তর:

- ভ্রূণের মধ্যে প্রথমে হাড় গঠিত হয়, তারপর তা মাংস বা পেশীতে ঢেকে যায়।

- আধুনিক ভ্রূণবিদ্যা প্রমাণ করেছে যে হাড় গঠনের জন্য নির্দিষ্ট কোষ প্রথমে সক্রিয় হয় এবং পরে পেশীগুলো সেই হাড়ের চারপাশে গঠন করে।

5. সম্পূর্ণ নতুন রূপ প্রদান:

- শেষ পর্যায়ে ভ্রূণটি পূর্ণ মানব আকৃতি ধারণ করে এবং এক জীবন্ত সন্তানে রূপান্তরিত হয়।

কোরআন ও আধুনিক বিজ্ঞান

সুরা আল-মুমিনুন-এর এই আয়াতগুলোর প্রতিটি শব্দ আধুনিক বিজ্ঞান দ্বারা প্রমাণিত হয়েছে। ১৯৮০-এর দশকে ড. কিথ মুর (Dr. Keith Moore), যিনি বিশ্বখ্যাত ভ্রূণতত্ত্ববিদ, কোরআনে বর্ণিত এই ধাপগুলোকে বৈজ্ঞানিকভাবে অবিশ্বাস্যভাবে সঠিক বলে ঘোষণা করেছেন।

পবিত্র কোরআনের এই বর্ণনা মানবদেহের সৃষ্টির এক বিস্ময়কর সত্য প্রকাশ করে, যা প্রায় ১৪০০ বছর আগে কোনো বিজ্ঞানী বা চিকিৎসক জানতে পারেনি। এটি কোরআনের বৈজ্ঞানিক অলৌকিকতার একটি শক্তিশালী উদাহরণ।

পরবর্তী অংশে আমরা মানবদেহে পানির ভূমিকা নিয়ে আলোচনা করব।

৫.২: মানবদেহে পানির ভূমিকা

- সুরা আল-ফুরকান (২৫:৫৪):

وَهُوَ ٱلَّذِي خَلَقَ مِنَ ٱلْمَآءِ بَشَرًا فَجَعَلَهُۥ نَسَبًا وَصِهْرًا ۗ وَكَانَ رَبُّكَ قَدِيرًا

"আর তিনিই মানুষকে পানি থেকে সৃষ্টি করেছেন। তারপর তার জন্যে এক বংশ এবং এক আত্মীয় সূত্র করেছেন। আর তোমার প্রতিপালক সর্বশক্তিমান।"

ভূমিকা

মানবদেহের গঠন ও কার্যক্রমের জন্য পানি অপরিহার্য। এই আয়াতে মানবসৃষ্টির ভিত্তি হিসেবে পানির কথা উল্লেখ করা হয়েছে। আধুনিক বিজ্ঞানেও প্রমাণিত হয়েছে যে মানবদেহের গঠনের একটি বিশাল অংশ পানি, এবং এটি মানবজীবনের জন্য মৌলিক ও অপরিহার্য।

মানবদেহে পানির ভূমিকা

১. মানবদেহে পানির পরিমাণ

- একজন প্রাপ্তবয়স্ক মানুষের শরীরের প্রায় **৬০-৭০%** পানি দিয়ে গঠিত।
- রক্তের ৯০% পানি, পেশীর ৭৫% পানি, এমনকি হাড়ের প্রায় ২২% অংশও পানি।
- পানি কোষের গঠন রক্ষা করে, পুষ্টি সরবরাহ করে এবং বর্জ্য অপসারণে সাহায্য করে।

২. সৃষ্টির প্রাথমিক উপাদান হিসেবে পানি

- বিজ্ঞান প্রমাণ করেছে যে পৃথিবীর সমস্ত জীবের উৎপত্তি পানিতে।

- **জীববিজ্ঞানের সূত্র**: জীবনের প্রাথমিক পর্যায়ে সকল জীবাণু বা কোষ পানির উপস্থিতিতে গঠিত হয়।

- কোরআনে এই কথার ইঙ্গিত রয়েছে:

أَوَلَمْ يَرَ ٱلَّذِينَ كَفَرُوٓا۟ أَنَّ ٱلسَّمَـٰوَٰتِ وَٱلْأَرْضَ كَانَتَا رَتْقًا فَفَتَقْنَـٰهُمَا

“***আমি প্রত্যেক জীবন্ত জিনিসকে পানি থেকে সৃষ্টি করেছি।***”
-সুরা আম্বিয়া, (২১:৩০)

৩. শরীরের তাপমাত্রা নিয়ন্ত্রণ

- পানি মানবদেহের তাপমাত্রা নিয়ন্ত্রণে গুরুত্বপূর্ণ ভূমিকা পালন করে।

- ঘামের মাধ্যমে শরীর অতিরিক্ত তাপ বের করে দেয় এবং দেহকে শীতল রাখে।

৪. বিপাক ক্রিয়া ও পুষ্টি পরিবহন

- পানি খাদ্য হজমে সাহায্য করে এবং রক্তের মাধ্যমে পুষ্টি পরিবহন করে।

- এটি কোষে অক্সিজেন সরবরাহ করে এবং বিপাকীয় বর্জ্য শরীর থেকে বের করে দেয়।

৫. পানির অভাবে বিপর্যয়

- মানবদেহে পানির ঘাটতি হলে **ডিহাইড্রেশন** দেখা দেয়।

- ডিহাইড্রেশনের কারণে শরীরের কার্যক্ষমতা কমে যায়, রক্তচাপ কমে যায় এবং অঙ্গগুলো সঠিকভাবে কাজ করতে পারে না।

কোরআনের অলৌকিকতা

এই আয়াতটি যখন নাজিল হয়েছিল, তখন মানবদেহের পানির গঠন সম্পর্কে কোনো বৈজ্ঞানিক ধারণা ছিল না। আধুনিক বিজ্ঞানের গবেষণা এখন প্রমাণ করেছে যে পানি মানবদেহের মূল উপাদান এবং এর অভাবে জীবন অসম্ভব।

ড. উইলিয়াম হে (William Hay), যিনি একজন প্রখ্যাত সমুদ্রবিজ্ঞানী ও জীববিজ্ঞানী, উল্লেখ করেছেন যে কোরআনে পানি সম্পর্কে করা মন্তব্যগুলো অত্যন্ত সঠিক এবং বিজ্ঞানসম্মত।

উপসংহার

পানি মানবজীবনের ভিত্তি এবং মানবদেহের মূল গঠনের এক অনন্য দিক। কোরআনের এই বাণী মানবদেহের প্রকৃতি ও গঠনের বিজ্ঞানসম্মত সত্য প্রকাশ করে, যা কোরআনের অতুলনীয় অলৌকিকতা প্রমাণ করে।

৫.৩: মানুষের আঙুলের ছাপ

- সুরা আল-কিয়ামাহ (৭৫:৩-৪):

نَحْنُ قَدَّرْنَا بَيْنَكُمُ ٱلْمَوْتَ وَمَا نَحْنُ بِمَسْبُوقِينَ
فَٱلْإِنسَٰنُ لِرَبِّهِۦ لَكَنُودٌ

"মানুষ কি মনে করে যে, আমি তার হাড়গুলো একত্রিত করতে পারব না? কেন না, আমি তার আঙুল পর্যন্ত সঠিকভাবে সজ্জিত করতে সক্ষম।"

ভূমিকা

কোরআনের এই আয়াতটি আঙুলের ডগার কথা উল্লেখ করেছে, যা প্রাথমিকভাবে মানুষের সুনির্দিষ্ট সৃষ্টির ইঙ্গিত দেয়। আধুনিক জীববিজ্ঞান ও ফোরেনসিক বিজ্ঞানের উন্নয়ন থেকে জানা যায়, প্রতিটি মানুষের আঙুলের ছাপ সম্পূর্ণরূপে অনন্য। এটি মানুষকে সনাক্ত করার সবচেয়ে নির্ভরযোগ্য পদ্ধতিগুলোর একটি।

আঙুলের ছাপের বৈজ্ঞানিক ব্যাখ্যা

১. আঙুলের ছাপের অনন্যতা

- আঙুলের ছাপ এমন একটি জৈবিক বৈশিষ্ট্য যা প্রতিটি মানুষের জন্য একান্ত নিজস্ব।

- পৃথিবীতে প্রায় ৮০০ কোটি মানুষ হলেও কোনো দুই ব্যক্তির আঙুলের ছাপ কখনোই একই নয়।

২. **ভ্রূণ অবস্থায় গঠিত হয়**

- মানুষের আঙুলের ছাপ গর্ভাবস্থার **১৩-১৬ সপ্তাহে** গঠিত হয় এবং আজীবন অপরিবর্তিত থাকে।

- জন্ম থেকে মৃত্যু পর্যন্ত আঙুলের ছাপ একই থাকে, এমনকি আঘাত বা পোড়ার পরেও ছাপের গঠন পুনরুদ্ধার হতে পারে।

৩. **জীববিজ্ঞানে আঙুলের ছাপের ভূমিকা**

- আঙুলের ছাপের নিদর্শন ত্বকের ঘর্ষণ বৃদ্ধি করে, যা ধরে রাখা বা স্পর্শ করার সময় সাহায্য করে।

- আঙুলের ছাপের জৈবিক গঠন মানুষকে শারীরিক কাজকর্মে সাহায্য করে।

আঙুলের ছাপের আধুনিক প্রয়োগ

১. **ফোরেনসিক সনাক্তকরণ**

- আঙুলের ছাপ সনাক্তকরণ পদ্ধতি অপরাধ তদন্তে একটি অপরিহার্য পদ্ধতি।

- একে "Fingerprint Identification System" বলা হয়, যা কোরআনের উক্তির সঙ্গে মিলে যায়।

২. **বায়োমেট্রিক নিরাপত্তা**

- আঙুলের ছাপ এখন বায়োমেট্রিক প্রযুক্তিতে ব্যবহৃত হয়, যেমন স্মার্টফোন আনলকিং, পাসপোর্ট যাচাই, ব্যাংকিং নিরাপত্তা, ইত্যাদি।

৩. **চিকিৎসা গবেষণা**

- আঙুলের ছাপের গঠন বিভিন্ন জেনেটিক অসঙ্গতি বা রোগ নির্ণয়ে ব্যবহৃত হয়।

কোরআনের অলৌকিকতা

এই আয়াতটি যখন নাজিল হয়েছিল, তখন মানুষের আঙুলের ছাপ সম্পর্কে কোনো বৈজ্ঞানিক ধারণা ছিল না। তবুও কোরআন আঙুলের ডগার জটিল গঠন ও সুনির্দিষ্ট বৈশিষ্ট্য তুলে ধরে।

বিজ্ঞানীরা একমত যে আঙুলের ছাপের এই অনন্য গঠন জৈবিক উন্নয়নের এক বিস্ময়কর উদাহরণ। ড. মরিস বুকাইলি তার গ্রন্থে উল্লেখ করেছেন, "আঙুলের ছাপের মতো অনন্য বৈশিষ্ট্য উল্লেখ করেই কোরআনের অলৌকিক বৈজ্ঞানিক দৃষ্টিভঙ্গি স্পষ্ট হয়।"

কোরআনের আয়াত এবং আধুনিক বিজ্ঞান আঙুলের ছাপের গুরুত্ব ও অনন্যতাকে প্রমাণ করে। এটি কোরআনের আরও একটি অলৌকিক দৃষ্টান্ত, যা মানুষের সৃষ্টির সূক্ষ্মতা ও স্রষ্টার সর্বশক্তিমান সত্ত্বার প্রতি গভীর শ্রদ্ধা জাগায়।

৫.৪: মানব মস্তিষ্কের সামনের অংশ

- সুরা আল-আলাক (৯৬:১৫-১৬):

كَلَّا لَئِن لَّمْ يَنتَهِ لَنَسْفَعًا بِٱلنَّاصِيَةِ
نَاصِيَةٍ كَٰذِبَةٍ خَاطِئَةٍ

"না! যদি সে বিরত না হয়, আমি অবশ্যই তাকে টেনে নিয়ে যাব, সেই সামনের অংশ দিয়ে। এক মিথ্যাবাদী ও পাপী কপাল।"

এই আয়াতে কোরআন বিশেষভাবে "সামনের অংশ" বা "কপালের" প্রতি ইঙ্গিত করেছে। এটি মস্তিষ্কের **ফ্রন্টাল লোবের** অংশ, যা আধুনিক নিউরোসায়েন্সে মানুষের আচরণ, সিদ্ধান্ত গ্রহণ এবং নৈতিকতার সঙ্গে সরাসরি জড়িত বলে প্রমাণিত হয়েছে।

ফ্রন্টাল লোবের বৈজ্ঞানিক বিশ্লেষণ

১. **ফ্রন্টাল লোবের ভূমিকা**

- ফ্রন্টাল লোব মস্তিষ্কের সামনের অংশে অবস্থিত এবং এটি মানব আচরণ ও মানসিকতার জন্য সবচেয়ে গুরুত্বপূর্ণ।

- এটি চিন্তাভাবনা, বিচারক্ষমতা, পরিকল্পনা, এবং নৈতিক সিদ্ধান্ত গ্রহণ নিয়ন্ত্রণ করে।

২. **পাপ ও মিথ্যার সঙ্গে সম্পর্ক**

- আধুনিক বিজ্ঞান প্রমাণ করেছে যে, মিথ্যা বলার সময় মস্তিষ্কের ফ্রন্টাল লোব সক্রিয় থাকে।

- পাপজনিত কাজ এবং বিবেকবোধের সঙ্গে ফ্রন্টাল লোব সরাসরি জড়িত।

৩. **নিউরোসায়েন্সের গবেষণা**

- ফ্রন্টাল লোব ক্ষতিগ্রস্ত হলে মানুষ নৈতিকতা হারিয়ে ফেলে এবং অপরাধপ্রবণ হয়ে ওঠে।

- এটি মস্তিষ্কের সেই অংশ যেখানে সুনির্দিষ্ট চিন্তা এবং ইচ্ছাশক্তির উৎপত্তি হয়।

কোরআনের বিবৃতির অলৌকিকতা

মস্তিষ্কের এই অংশকে "মিথ্যাবাদী ও পাপী কপাল" হিসেবে উল্লেখ করা কোরআনের ভাষাগত অলৌকিকতার একটি দৃষ্টান্ত। যখন এই আয়াতটি নাজিল হয়েছিল, তখন মস্তিষ্ক বা এর কার্যকারিতা সম্পর্কে কোনো বৈজ্ঞানিক জ্ঞান ছিল না।

কিন্তু আধুনিক বিজ্ঞান প্রমাণ করেছে, ফ্রন্টাল লোবের কার্যকলাপ মিথ্যা বলা, পাপ কাজ করা এবং নৈতিকতার জন্য দায়ী। এই বিষয়ে ড. মরিস বুকাইলি উল্লেখ করেছেন, “কোরআনের এই উল্লেখ শুধুমাত্র স্রষ্টার চূড়ান্ত জ্ঞানের প্রতিফলন।”

মানব আচরণ এবং নৈতিকতার ওপর প্রভাব

১. **নেতিবাচক প্রভাব**

- ফ্রন্টাল লোব ক্ষতিগ্রস্ত হলে মানুষ অযৌক্তিক কাজ করতে পারে।
- এটি নৈতিকতা ও বিচারক্ষমতা হারানোর অন্যতম কারণ।

২. **ইতিবাচক প্রভাব**

- সঠিক শিক্ষা ও নৈতিক দিকনির্দেশনার মাধ্যমে ফ্রন্টাল লোব সঠিক পথে পরিচালিত হতে পারে।

উপসংহার

কোরআনের এই আয়াত এবং আধুনিক বিজ্ঞানের গবেষণা মানব মস্তিষ্কের ফ্রন্টাল লোবের গুরুত্ব ও কার্যকারিতা প্রমাণ করে। এটি কোরআনের আরও একটি অলৌকিক দিক, যা মানুষের সৃষ্টিতে স্রষ্টার সূক্ষ্ম জ্ঞানের প্রতি ইঙ্গিত করে

ষষ্ঠ অধ্যায়:
মহাকাশ ও জ্যোতির্বিজ্ঞান

ভূমিকা

মানব সভ্যতার সূচনা থেকেই মানুষ মহাকাশের বিস্তৃত সৌন্দর্য এবং এর গঠনমালা সম্পর্কে জানার চেষ্টা করে আসছে। আকাশের নক্ষত্র, গ্রহ-উপগ্রহ, এবং চন্দ্র-সূর্যের চলাচল থেকে শুরু করে মহাজাগতিক শক্তি, সবকিছুই আমাদের জ্ঞানের সীমাকে প্রসারিত করেছে। আধুনিক বিজ্ঞান মহাবিশ্বের গঠন, প্রকৃতি এবং তার শৃঙ্খলার উপর অনেক গুরুত্বপূর্ণ তথ্য তুলে ধরেছে।

তবে, আজ থেকে ১৪০০ বছর আগে কোরআন যেসব মহাকাশীয় বাস্তবতা সম্পর্কে ইঙ্গিত করেছে, তা আধুনিক গবেষণার সঙ্গে অভাবনীয়ভাবে সামঞ্জস্যপূর্ণ। এই অধ্যায়ে আমরা মহাকাশ ও জ্যোতির্বিজ্ঞানের বিভিন্ন দিক বিশ্লেষণ করব এবং কোরআনের আয়াতগুলোর সঙ্গে বৈজ্ঞানিক সত্যের তুলনা করব।

৬.১ মহাজাগতিক *কক্ষপথ* (Celestial Orbits)

সুরা ইয়াসিন (৩৬:৪০):

لَا ٱلشَّمْسُ يَنۢبَغِى لَهَآ أَن تُدْرِكَ ٱلْقَمَرَ وَلَا ٱلَّيْلُ
سَابِقُ ٱلنَّهَارِ ۚ وَكُلٌّ فِى فَلَكٍ يَسْبَحُونَ

"সূর্য কখনো চন্দ্রকে অতিক্রম করতে পারে না এবং রাতও দিনের আগে আসতে পারে না। প্রত্যেকটি নিজ নিজ কক্ষপথে সাঁতার কাটছে।"

ভূমিকা

এই আয়াতে কোরআন অত্যন্ত সংক্ষিপ্ত কিন্তু গভীরভাবে সূর্য, চন্দ্র এবং মহাজাগতিক বস্তুগুলোর নির্দিষ্ট কক্ষপথে চলাচলের কথা উল্লেখ করেছে। আধুনিক জ্যোতির্বিজ্ঞানের অন্যতম মৌলিক ধারণাগুলোর মধ্যে এটি একটি, যা প্রমাণ করে প্রতিটি মহাজাগতিক বস্তুর নিজস্ব কক্ষপথ রয়েছে।

বৈজ্ঞানিক বিশ্লেষণ

১. সূর্য ও চন্দ্রের নির্দিষ্ট কক্ষপথ

- বিজ্ঞান প্রমাণ করেছে যে, সূর্য আমাদের গ্যালাক্সি মিল্কিওয়ের কেন্দ্রে প্রতি সেকেন্ডে প্রায় ২২০ কিলোমিটার গতিতে তার নিজস্ব কক্ষপথে ঘুরছে।
- একইভাবে চাঁদ পৃথিবীকে প্রতি ২৭.৩ দিনে একবার প্রদক্ষিণ করে।

২. গ্রহ-উপগ্রহের অবস্থান ও চলাচল

- প্রতিটি গ্রহ তাদের নির্দিষ্ট কক্ষপথ ধরে সূর্যের চারপাশে ঘুরছে।
- এই কক্ষপথগুলো মহাকর্ষ শক্তি এবং মহাজাগতিক গঠনের মাধ্যমে ব্যালান্স করে।

৩. মহাবিশ্বের শৃঙ্খলা

- কোরআনের "প্রত্যেকটি নিজ নিজ কক্ষপথে সাঁতার কাটছে" কথাটি গ্রহ-নক্ষত্রের চলাচলের গতিশীলতাকে প্রকাশ করে।

কোরআনের অলৌকিকতা

১৪০০ বছর আগে যখন মহাজাগতিক গতিবিধি এবং কক্ষপথের ধারণা মানুষ জানত না, তখন কোরআন এ বিষয়ে ইঙ্গিত দিয়েছে। এটি প্রমাণ করে, কোরআন শুধুমাত্র আধ্যাত্মিক গ্রন্থ নয়, বরং বিজ্ঞানের এমন সব সত্য ধারণ করে যা তার সময়ের চেয়েও অনেক অগ্রসর।

সুরা ইয়াসিনের এই আয়াতটি মানব সভ্যতার জ্ঞানচর্চার একটি ভিত্তি স্থাপন করেছে। এটি প্রমাণ করে যে, কোরআন মহাজাগতিক শৃঙ্খলা এবং গতিবিধির ক্ষেত্রে এমন সব তথ্য প্রকাশ করেছে যা আধুনিক বিজ্ঞান যুগে যুগে আবিষ্কার করছে।

৬.২ মহাকাশ ও সমুদ্রের অন্ধকার: কুরআনের নির্দেশনা ও বৈজ্ঞানিক বাস্তবতা

ভূমিকা:

মহাকাশের অন্ধকার এবং সমুদ্রের গভীর অন্ধকার উভয়ই প্রাচীনকালের মানুষদের জন্য রহস্যময় ছিল। তবে কুরআন ১৪০০ বছর আগে এই রহস্যময় অন্ধকারের দিকে ইঙ্গিত করে, যা আধুনিক বিজ্ঞানের গবেষণা দ্বারা প্রমাণিত হয়েছে। এই বিষয়টি বোঝাতে সুরা আন-নূরের (২৪:৪০) একটি আয়াতে সমুদ্রের গভীর অন্ধকারের উদাহরণ দেওয়া হয়েছে, যেখানে বলা হয়েছে:

أَوْ كَظُلُمَـٰتٍۢ فِى بَحْرٍۢ لُّجِّىٍّۢ يَغْشَىٰهُ مَوْجٌۭ مِّن فَوْقِهِۦ مَوْجٌۭ مِّن فَوْقِهِۦ
سَحَابٌۭ ۚ ظُلُمَـٰتٌۢ بَعْضُهَا فَوْقَ بَعْضٍ إِذَآ أَخْرَجَ يَدَهُۥ لَمْ يَكَدْ يَرَىٰهَا ۗ وَمَن
لَّمْ يَجْعَلِ ٱللَّهُ لَهُۥ نُورًۭا فَمَا لَهُۥ مِن نُّورٍ

"বা [তাদের অবস্থা] গভীর সমুদ্রে অন্ধকারের মতো; একটি ঢেউ অন্য একটি ঢেউকে ঢেকে ফেলেছে, তার উপরে আছে মেঘ। অন্ধকারের স্তরের পর স্তর রয়েছে। যখন সে তার হাত বের করে, তখন সে তা দেখতে পায় না। আল্লাহ যার জন্য আলো নির্ধারণ করেননি, তার জন্য কোনো আলো নেই।"

এই আয়াত কেবল সমুদ্রের অন্ধকারের বাস্তবতা নয়, বরং মহাকাশের গভীরতায় বিরাজমান অন্ধকারেরও দিকে ইঙ্গিত করে। আধুনিক বিজ্ঞান আজ মহাকাশের অন্ধকার এবং এর বিভিন্ন স্তর সম্পর্কে যা জানিয়েছে, তা কুরআনের এই আয়াতের সঙ্গে পুরোপুরি সামঞ্জস্যপূর্ণ।

সমুদ্রের গভীর অন্ধকার:

আধুনিক বিজ্ঞান প্রমাণ করেছে যে, সমুদ্রের গভীরে আলো ধীরে ধীরে স্তরে স্তরে বিলীন হয়ে যায়। প্রায় ২০০ মিটার গভীরতার পরে সূর্যালোক আর পৌঁছায় না, এবং সমুদ্রের সেই অংশটি সম্পূর্ণ অন্ধকারে আচ্ছাদিত হয়। এই স্তরগুলোর বৈজ্ঞানিক ব্যাখ্যা হচ্ছে, সূর্যালোক ৭টি রঙের তরঙ্গে বিভক্ত থাকে, এবং প্রতিটি তরঙ্গ ভিন্নভাবে শোষিত হয়। এই বৈশিষ্ট্যটি কুরআনের আয়াতে উল্লেখিত "অন্ধকারের স্তর পর স্তর" ধারণার সঙ্গে মিলে যায়।

মহাকাশের অন্ধকার:

মহাবিশ্বের অধিকাংশ অংশই অন্ধকারে আচ্ছাদিত। যদিও সূর্যালোক মহাকাশে প্রবেশ করে, তবে তার অনেক অংশ আলোকরশ্মি শোষণ বা ছড়িয়ে পড়ার কারণে অন্ধকার থেকে যায়। বিজ্ঞানীদের মতে, মহাবিশ্বের প্রায় ৯৬% স্থান অন্ধকার পদার্থ (Dark Matter) এবং অন্ধকার শক্তি (Dark Energy) দ্বারা গঠিত। এই বস্তু ও শক্তি কোনো আলোক কণা বিকিরণ করে না, তাই আমাদের চোখে অদৃশ্য থাকে। এই অন্ধকারের ধারণাটি কুরআনের আয়াতের সঙ্গে একীভূত করা যেতে পারে।

ব্ল্যাক হোল ও মহাকাশের গভীর রহস্য:

মহাকাশের একটি অন্ধকার রহস্য হলো ব্ল্যাক হোল। এটি এমন একটি স্থান, যেখানে মহাকর্ষ এত শক্তিশালী যে কোনো আলোর কণাও এর থেকে পালাতে পারে না। ফলে এটি সম্পূর্ণ অন্ধকারাচ্ছন্ন থাকে। ব্ল্যাক হোলের অভ্যন্তরে সময় ও স্থান বিকৃত হয়ে যায়, যা আধুনিক বিজ্ঞান দীর্ঘ গবেষণার মাধ্যমে আবিষ্কার করেছে। এই অন্ধকারময় স্থান কুরআনের নির্দেশিত গভীর অন্ধকারের সাথে সম্পর্কিত বলে প্রতীয়মান হয়।

আলো ও জ্ঞানের ভারসাম্য:

কুরআনের আয়াতগুলো আধ্যাত্মিক দৃষ্টিকোণ থেকেও গুরুত্বপূর্ণ। আল্লাহ যাকে জ্ঞান এবং সত্যের আলো দেন, সে অন্ধকার থেকে মুক্তি পায়। আর যে অন্ধকারে থেকে যায়, সে আলোর অভাবে বিভ্রান্ত থাকে। এখানে কুরআনের আধ্যাত্মিক ও বৈজ্ঞানিক বার্তা একে অপরের সঙ্গে সামঞ্জস্যপূর্ণ।

সুরা আন-নূরের এই আয়াত আধুনিক বিজ্ঞান এবং আধ্যাত্মিক সত্য উভয়ের দিকেই ইঙ্গিত করে। সমুদ্রের গভীর অন্ধকার এবং মহাকাশের অসীম অন্ধকার সম্পর্কে কুরআনের নির্দেশনা ১৪০০ বছর আগেই প্রদান করা হয়েছে, যা আজকের বৈজ্ঞানিক গবেষণার সঙ্গে

মিলে যায়। এটি আল্লাহর জ্ঞানের অসীমতার নিদর্শন এবং মানবজাতির জন্য মহাবিশ্বের রহস্য উন্মোচনের একটি চিরন্তন প্রেরণা।

৬.৩ নক্ষত্রের মৃত্যু (Supernova)

- **সুরা আন-নাজম (৫৩:১):**

وَٱلنَّجْمِ إِذَا هَوَىٰ

"শপথ তারকার, যখন তা পতিত হয়।"

ভূমিকা

সুরা আন-নাজমের এই আয়াতে আল্লাহ শপথ করেছেন তারকার পতনের (Fall of the Star) ওপর। প্রাচীনকালে এই আয়াতটি অনেকেই কাব্যিক অর্থে বোঝার চেষ্টা করেছেন, তবে আধুনিক জ্যোতির্বিজ্ঞান এর সঙ্গে সুপারনোভার মতো মহাজাগতিক ঘটনাগুলোর মিল পেয়েছে।

সুপারনোভা হলো নক্ষত্রের ধ্বংস বা "মৃত্যু", যা মহাবিশ্বের অন্যতম শক্তিশালী এবং আলোকময় ঘটনা। এটি এমন এক বিস্ফোরণ, যা একটি নক্ষত্রের জীবনের শেষ পর্যায়ে ঘটে। কোরআনের এই বর্ণনা ও সুপারনোভার বৈজ্ঞানিক ব্যাখ্যার মধ্যে রয়েছে গভীর সম্পর্ক।

বৈজ্ঞানিক বিশ্লেষণ

১. নক্ষত্রের জীবনচক্র

- প্রতিটি নক্ষত্রের একটি নির্দিষ্ট জীবনচক্র থাকে।
- এর শুরু হয় গ্যাস ও ধূলিকণার মেঘ থেকে, যা গ্র্যাভিটেশনাল আকর্ষণের মাধ্যমে একত্রিত হয়ে নক্ষত্রে রূপান্তরিত হয়।
- নক্ষত্রের কেন্দ্রে দীর্ঘ সময় ধরে নিউক্লিয়ার ফিউশন ঘটে, যা এর জ্বালানি সরবরাহ করে।

২. নক্ষত্রের পতন বা ধ্বংস

- নক্ষত্র যখন তার সমস্ত জ্বালানি শেষ করে ফেলে, তখন এটি নিজের মাধ্যাকর্ষণ শক্তির কাছে পরাজিত হয়।
- বড় নক্ষত্রগুলো সুপারনোভার মাধ্যমে ধ্বংস হয়ে যায়। এই বিস্ফোরণের ফলে প্রচুর আলো উৎপন্ন হয়, যা দূরবর্তী স্থান থেকেও দৃশ্যমান।
- বিজ্ঞানীদের মতে, মহাবিশ্বে প্রতি সেকেন্ডে কোনো না কোনো স্থানে একটি নক্ষত্রের ধ্বংস বা সুপারনোভা ঘটে।

৩. কোরআনের ইঙ্গিত

- সুরা আন-নাজমে "তারকার পতন" শব্দটি এমন এক বাস্তবতাকে চিত্রিত করে, যা সুপারনোভা ঘটনাকে নিখুঁতভাবে উপস্থাপন করে।
- আধুনিক বিজ্ঞানের আগে এটি বোঝা অসম্ভব ছিল, কারণ খালি চোখে সুপারনোভা দেখা যায় না।

কোরআনের অলৌকিকতা

কোরআনের এই আয়াতটি নিছক কবিতা নয়, বরং এটি মহাজাগতিক বাস্তবতার ওপর আল্লাহর শপথ। বিজ্ঞান প্রমাণ করেছে যে, তারকারা শুধু স্থির নয়, বরং তারা একটি জীবনচক্র অনুসরণ করে, এবং তাদের "পতন" মহাবিশ্বের জন্য অত্যন্ত গুরুত্বপূর্ণ।

সুরা আন-নাজমের এই আয়াত এবং নক্ষত্রের পতনের বৈজ্ঞানিক বাস্তবতা একে অপরের সঙ্গে গভীরভাবে সংযুক্ত। এটি আল্লাহর সৃষ্টির নিখুঁততা এবং কোরআনের ভবিষ্যদর্শী জ্ঞানের একটি উজ্জ্বল উদাহরণ।

৬.৪ শবে মেরাজ ও আপেক্ষিকতার তত্ত্ব

ভূমিকা

ইসলামের ইতিহাসে শবে মেরাজ এমন এক অলৌকিক ঘটনা, যেখানে মহানবী (সাল্লাল্লাহু আলাইহি ওয়াসাল্লাম) অতি স্বল্প সময়ে এক অসাধারণ ভ্রমণ সম্পন্ন করেছিলেন। এই যাত্রা মক্কা থেকে জেরুজালেম (মসজিদুল আকসা) এবং সেখান থেকে সপ্তাকাশ পর্যন্ত বিস্তৃত ছিল। প্রাচীন কালে এই ঘটনাটি অনেকের জন্য অবিশ্বাস্য মনে হলেও, আধুনিক বিজ্ঞান "আপেক্ষিকতার তত্ত্ব" এবং "সময়ের আপেক্ষিকতা" দিয়ে এর একটি সম্ভাব্য ব্যাখ্যা প্রদান করেছে।

মেরাজের বর্ণনা ও বৈজ্ঞানিক দৃষ্টিকোণ

১. শবে মেরাজের ঘটনা

- মহানবী (সা.)'কে বোরাক নামক এক অলৌকিক বাহনে ভ্রমণ করানো হয়।
- তিনি প্রথম আকাশ থেকে সপ্তম আকাশ পর্যন্ত মহান আল্লাহর সঙ্গে সাক্ষাত করেন এবং বিভিন্ন নবীর সঙ্গে সাক্ষাৎ করেন।
- এই পুরো ভ্রমণটি এত দ্রুত ঘটে যে, ফিরে আসার পর তাঁর বিছানা তখনো উষ্ণ ছিল।

২. আপেক্ষিকতার তত্ত্ব (Theory of Relativity)

আলবার্ট আইনস্টাইনের আপেক্ষিকতার তত্ত্ব (১৯০৫) বলে যে, সময় স্থির নয়। এটি ভ্রমণের গতি এবং স্থানীয় আকর্ষণের ওপর নির্ভর করে।

গতি ও সময়ের সম্পর্ক

- আপেক্ষিকতার তত্ত্ব অনুযায়ী, কোনো বস্তু যদি আলোর গতির কাছাকাছি চলতে থাকে, তবে সেই গতির তুলনায় সময় ধীরে চলে।
- বিজ্ঞানীদের মতে, যদি কোনো বস্তু আলোর গতিতে ভ্রমণ করে, তাহলে সময় তার জন্য থমকে যেতে পারে। শবে মেরাজে মহানবীর (সা.)'র সময়ের অনুভূতি এবং পৃথিবীতে সময়ের পার্থক্য এর একটি উদাহরণ হতে পারে।

গুরুত্বপূর্ণ পয়েন্ট

- শবে মেরাজ ছিল একটি অলৌকিক ঘটনা, যা বৈজ্ঞানিক তত্ত্বের বাইরে।
- তবে আপেক্ষিকতার তত্ত্ব এটি ব্যাখ্যা করতে সাহায্য করে যে, সময় এবং স্থানের নিয়ম প্রকৃতপক্ষে স্থির নয়।

আল-কোরআনের ইঙ্গিত

১. সুরা বনি ইসরাইল (১৭:১):

سُبْحَٰنَ ٱلَّذِىٓ أَسْرَىٰ بِعَبْدِهِۦ لَيْلًا مِّنَ ٱلْمَسْجِدِ ٱلْحَرَامِ إِلَى ٱلْمَسْجِدِ
ٱلْأَقْصَا ٱلَّذِى بَٰرَكْنَا حَوْلَهُۥ لِنُرِيَهُۥ مِنْ ءَايَٰتِنَآ ۚ إِنَّهُۥ هُوَ ٱلسَّمِيعُ ٱلْبَصِيرُ

"তিনিই মহান, যিনি তাঁর বান্দাকে রাতের এক অংশে ভ্রমণ করালেন পবিত্র মসজিদ থেকে মসজিদে আকসা পর্যন্ত, যার চারপাশে আমি বরকতময় করেছি।"

- এই আয়াতটি মেরাজের ঘটনার একটি গুরুত্বপূর্ণ দিক প্রকাশ করে।

২. ফেরেশতাদের গতির প্রসঙ্গ

সুরা আল-মা'আরিজ (৭০:৪) এ বলা হয়েছে:

تَعْرُجُ ٱلْمَلَٰٓئِكَةُ وَٱلرُّوحُ إِلَيْهِ فِى يَوْمٍ كَانَ مِقْدَارُهُۥ خَمْسِينَ أَلْفَ سَنَةٍ

"ফেরেশতারা ও রূহ আল্লাহর কাছে গমন করে এক দিনে, যা তোমাদের হিসেবে পঞ্চাশ হাজার বছরের সমান।"

- এখানে সময়ের আপেক্ষিকতা এবং আলোর গতির সঙ্গে ফেরেশতাদের গতির মিল পাওয়া যায়।

শবে মেরাজ একটি অলৌকিক ঘটনা, যা ইসলামের ইতিহাসে এক অসামান্য স্থান দখল করে আছে। এটি আপেক্ষিকতার তত্ত্ব এবং সময়ের আপেক্ষিকতার মাধ্যমে আংশিকভাবে ব্যাখ্যা

করা সম্ভব। তবে মেরাজের ঘটনাটি শুধুই অলৌকিকতার ওপর ভিত্তি করে, যা মানবিক জ্ঞানের সীমানার বাইরে।

৬.৫ মহাজাগতিক কক্ষপথ (Celestial Orbits)

ভূমিকা

মহাবিশ্বের প্রতিটি গ্রহ, উপগ্রহ, তারা এবং ছায়াপথ একটি নির্দিষ্ট কক্ষপথে চলাচল করে। এদের মধ্যে এমন নিখুঁত সমন্বয় রয়েছে, যা গোটা মহাবিশ্বকে এক বিশৃঙ্খল পরিবেশ থেকে বাঁচিয়ে রাখে। এই বিষয়ে আধুনিক জ্যোতির্বিজ্ঞান অসংখ্য তথ্য প্রদান করেছে। কিন্তু চমকপ্রদ বিষয় হলো, ১৪০০ বছর পূর্বে আল-কুরআনে এই মহাজাগতিক কক্ষপথের কথা সুস্পষ্টভাবে উল্লেখ করা হয়েছে।

আল-কোরআনের বাণী

সুরা ইয়াসিন (৩৬:৪০)-এ বলা হয়েছে:

لَا ٱلشَّمْسُ يَنۢبَغِى لَهَآ أَن تُدْرِكَ ٱلْقَمَرَ وَلَا ٱلَّيْلُ
سَابِقُ ٱلنَّهَارِ ۚ وَكُلٌّ فِى فَلَكٍ يَسْبَحُونَ

"সূর্য কখনোই চন্দ্রকে অতিক্রম করতে পারে না এবং রাতও দিনে আগে চলে আসতে পারে না। প্রত্যেকেই এক নির্দিষ্ট কক্ষপথে চলতে থাকে।"

এই আয়াতটি একটি নিখুঁত বৈজ্ঞানিক সত্য প্রকাশ করে, যা আধুনিক গবেষণার মাধ্যমে প্রমাণিত হয়েছে।

বৈজ্ঞানিক বিশ্লেষণ

১. গ্রহ এবং তারাদের নির্দিষ্ট কক্ষপথ

আধুনিক বিজ্ঞান অনুযায়ী, সূর্য, পৃথিবী, চাঁদ এবং অন্যান্য গ্রহ এক নির্দিষ্ট কক্ষপথে পরিভ্রমণ করে। এই কক্ষপথের মধ্যে সমন্বয় ব্যাঘাত ঘটলে মহাবিশ্ব ধ্বংস হয়ে যেতে পারে।

সূর্যের গতি ও কক্ষপথ

- সূর্য নিজেও একটি নির্দিষ্ট কক্ষপথে ছায়াপথের কেন্দ্রের চারপাশে ঘুরছে, যা "Solar Orbit" নামে পরিচিত।
- এর গতি প্রায় ৭২০,০০০ কিমি/ঘণ্টা।

চাঁদের কক্ষপথ

- চাঁদ পৃথিবীর চারপাশে ঘুরছে একটি নির্দিষ্ট উপবৃত্তাকার কক্ষপথে।
- এটি পৃথিবীর জোয়ার-ভাটা নিয়ন্ত্রণ করে এবং জীবনের ভারসাম্য রক্ষা করে।

২. কক্ষপথের সমন্বয় ও সৃষ্টির সুসংহতি

মহাবিশ্বের এই নিখুঁত সমন্বয় প্রমাণ করে যে, এটি কোনো দৈব ঘটনায় সৃষ্টি হয়নি। বরং এর পেছনে রয়েছে মহান স্রষ্টার প্রজ্ঞা ও শক্তির নিদর্শন।

কোরআনের বৈজ্ঞানিক অগ্রগামিতা

মহাজাগতিক কক্ষপথ সম্পর্কে কোরআনের বর্ণনা আধুনিক জ্যোতির্বিজ্ঞানের সঙ্গে অভাবনীয়ভাবে সামঞ্জস্যপূর্ণ।

- ৭ম শতাব্দীতে এই জ্ঞান মানবজাতির কাছে ছিল অকল্পনীয়।
- এটি প্রমাণ করে যে, কোরআন শুধুমাত্র আধ্যাত্মিক দিকনির্দেশনা নয়, বরং এটি বিজ্ঞান ও মহাবিশ্বের গভীরতম বিষয়েও আলোকপাত করেছে।

মহাজাগতিক কক্ষপথের এই বিস্ময়কর সমন্বয় মহাবিশ্বের সৃষ্টির অসাধারণ নিয়মাবলী এবং এর স্রষ্টার প্রজ্ঞার প্রতি আমাদের চিন্তাশক্তিকে জাগ্রত করে। কোরআন যে বিজ্ঞান ও আধ্যাত্মিকতার একটি নিখুঁত সমন্বয়, এটি তার একটি উজ্জ্বল প্রমাণ।

৬.৬ ফেরেশতাদের গমন এবং সময়ের আপেক্ষিকতার ধারণা

আধুনিক বিজ্ঞান, বিশেষত আপেক্ষিকতা তত্ত্ব, সময়ের আপেক্ষিক প্রকৃতি এবং এর সম্পর্ককে গভীরভাবে বিশ্লেষণ করেছে। সময় শুধুমাত্র একটি একরৈখিক প্রবাহ নয়; এটি স্থান এবং গতির সাথে সম্পর্কিত এবং এক পরিস্থিতি থেকে অন্য পরিস্থিতিতে পরিবর্তিত হতে পারে। আলবার্ট আইনস্টাইনের আপেক্ষিকতা তত্ত্বের মতে, সময়ের গতিবিধি মহাকর্ষীয় শক্তি এবং গতির ওপর নির্ভরশীল।

এদিকে, পবিত্র কোরআনে সুরা মাআরিজ (৭০:৪) এ ফেরেশতাদের এক স্থান থেকে অন্য স্থানে গমনের বর্ণনা এসেছে, যা বিজ্ঞানসম্মতভাবে সময়ের আপেক্ষিকতার ধারণা ও বৈজ্ঞানিক বাস্তবতার সাথে সম্পর্কিত। কোরআনের এই আয়াতে বলা হয়েছে,

تَعْرُجُ ٱلْمَلَـٰٓئِكَةُ وَٱلرُّوحُ إِلَيْهِ فِى يَوْمٍ كَانَ مِقْدَارُهُۥ خَمْسِينَ أَلْفَ سَنَةٍ

"***ফেরেশতারা ও রুহ (জিব্রাইল) তাঁর কাছে এক দিনে ওঠে, যা তোমাদের মতে পাঁচশত বছর।***"

এখানে, কোরআনের ভাষা অনুযায়ী, ফেরেশতারা এক দিনেই হাজার বছরের পথ পাড়ি দেয়। এটা প্রকৃতপক্ষে সময়ের আপেক্ষিকতার একটি অনুরূপ ধারণা। স্থানিক ও সময়গত দৃষ্টিকোণ থেকে সময় ও গতি নির্ধারণের পদ্ধতিতে এমন আপেক্ষিকতা বিদ্যমান যে, এক জায়গা থেকে অন্য জায়গায় পৌঁছানোর সময়ে ভিন্ন ভিন্ন গতি এবং ক্ষেত্রগত পরিবর্তন ঘটতে পারে।

বিজ্ঞানী আইনস্টাইনের আপেক্ষিকতা তত্ত্ব অনুসারে, অত্যন্ত দ্রুত গতির যাত্রা সময়কে ধীর করে দেয় এবং মহাকর্ষীয় ক্ষেত্রের শক্তি থেকেও সময়ের গতিবিধি পরিবর্তিত হতে পারে। এর

মানে, যদি কোন বস্তু বা সত্তা মহাকর্ষীয়ভাবে শক্তিশালী অঞ্চলে থাকে বা দ্রুতগতিতে চলাচল করে, তাহলে তার জন্য সময়ের অভিজ্ঞতা অন্যভাবে হতে পারে। যেমন, পৃথিবী থেকে ছয় মাসের মহাকাশযাত্রার পর ফিরে আসা মহাকাশচারী তাদের অভ্যস্ত সময়ের চেয়ে কম সময় কাটিয়েছে।

এভাবে কোরআনের এই আয়াত আধুনিক বিজ্ঞান ও আপেক্ষিকতার তত্ত্বের সঙ্গে সঙ্গতিপূর্ণ, যেখানে সময়ের গতিপথ এবং সময়ের অনুভূতি স্থান এবং গতির উপর নির্ভর করে পরিবর্তিত হতে পারে।

এই আলোচনায়, কোরআনের প্রাচীন বাণী এবং আধুনিক বিজ্ঞানের তত্ত্বের মধ্যে একটি গভীর সম্পর্ক এবং মিল দেখা যায়, যা আবার প্রমাণ করে যে ইসলামের আধ্যাত্মিক শিক্ষাও বৈজ্ঞানিক সত্যের সঙ্গে মিলে যায়।

সপ্তম অধ্যায়:
সমুদ্র, মেঘ ও প্রাকৃতিক প্রক্রিয়া

ভূমিকা

প্রাকৃতিক পরিবেশের জটিলতা ও সুষমতা মানব সভ্যতার জন্য এক অপরিহার্য অনুপ্রেরণা। সমুদ্র, মেঘ এবং অন্যান্য প্রাকৃতিক প্রক্রিয়াগুলো শুধুমাত্র আমাদের দৈনন্দিন জীবনের অংশ নয়, বরং এগুলোর মধ্যে নিহিত রয়েছে এমন এক অলৌকিক বিন্যাস যা সৃষ্টিকর্তার অসীম জ্ঞান ও পরিকল্পনার প্রমাণ বহন করে। এই অধ্যায়ে আমরা সমুদ্রের স্রোত, গভীর অন্ধকার, মেঘের ভার এবং সমুদ্রের জোয়ার-ভাটা সম্পর্কিত বিভিন্ন আয়াতের মাধ্যমে সেই অলৌকিকতা ও বৈজ্ঞানিক সত্যকে অন্বেষণ করব।

৭.১: মহাসাগরের স্রোত ও গভীর অন্ধকার

- **সুরা আন-নূর (২৪:৪০):**

أَوْ كَظُلُمَٰتٍۢ فِى بَحْرٍۢ لُّجِّىٍّۢ يَغْشَىٰهُ مَوْجٌۭ مِّن فَوْقِهِۦ مَوْجٌۭ مِّن
فَوْقِهِۦ سَحَابٌۭ ۚ ظُلُمَٰتٌۢ بَعْضُهَا فَوْقَ بَعْضٍ إِذَآ أَخْرَجَ يَدَهُۥ لَمْ
يَكَدْ يَرَىٰهَا ۗ وَمَن لَّمْ يَجْعَلِ ٱللَّهُ لَهُۥ نُورًۭا فَمَا لَهُۥ مِن نُّورٍ

"অথবা এমন এক অবস্থার মতো, যেন গভীর সমুদ্রের তলে, যেখানে ঢেউ ঢেকে আছে, ঢেউয়ের উপরে ঢেউ, এবং ঢেউয়ের উপরে মেঘ, যা একে অপরকে আচ্ছাদিত করে। সেই লোকের জন্য কোন আলো নেই, যাকে আল্লাহ নুরুদ্দীন করেননি।"

আয়াতের ব্যাখ্যা ও প্রেক্ষাপট

এই আয়াতে কোরআন আমাদের সামনে সমুদ্রের গভীর অন্ধকারের একটি চিত্র উপস্থাপন করে। গভীর সমুদ্রের তলে, যেখানে সূর্যালোকের কোন প্রবেশ নেই, সেখানকার অন্ধকার এতটাই ঘন, যে তা এক স্তরের পর অন্য স্তর দ্বারা ঢেকে যায়। এই অবস্থাকে দেখিয়ে, আয়াতটি এমন এক রহস্যময় এবং সুসংহত ব্যবস্থা নির্দেশ করে, যা কেবল আধ্যাত্মিকতারই নয়, বৈজ্ঞানিক সত্যেরও প্রতিফলন।

বৈজ্ঞানিক বিশ্লেষণ

১. গভীর সমুদ্রের অন্ধকার:

- ***আলোক শোষণ:***

  সমুদ্রের উপরের স্তরে সূর্যালোক প্রবেশ করলেও, জল ধীরে ধীরে সেই আলো শোষণ করে। প্রায় ২০০-৩০০ মিটার গভীরতার পরে সূর্যালোক আর যথেষ্ট না থাকায় পুরো অংশটি অন্ধকারে মগ্ন হয়।

- ***পরিবেশগত স্তর:***

  গভীর সমুদ্রে বিভিন্ন স্তরে তরঙ্গ, জলচক্র এবং গ্যাসের মিশ্রণে এমন এক অদৃশ্য স্তর সৃষ্টি হয়, যা আকাশে আচ্ছাদিত মেঘের মতোই একে অপরকে ঢেকে রাখে। এই স্তরগুলো একে অপরের সাথে যোগাযোগ রেখে সমগ্র মহাসাগরের স্রোত ও পরিবেশকে নিয়ন্ত্রণ করে।

২. সমুদ্রের স্রোতের ভূমিকা:

- ***প্রাকৃতিক পরিবেশের নিয়ন্ত্রণ:***

  সমুদ্রের স্রোত বিশ্বব্যাপী জলচক্র, তাপ বিনিময় ও জলবায়ুর নিয়ন্ত্রণে গুরুত্বপূর্ণ ভূমিকা পালন করে। এই স্রোত এবং তরঙ্গের গতিশীলতা সমুদ্রের গভীরে এক ধরণের সুষম পরিবেশ সৃষ্টি করে, যেখানে প্রতিটি স্তর সূর্যের আলো ও তাপকে শোষণ করে।

- ***জীববৈচিত্র্যের উৎস:***

  গভীর অন্ধকারের এই পরিবেশের মধ্যেও বিশেষ ধরনের জীবাণু ও সামুদ্রিক জীবের আবির্ভাব ঘটে, যা প্রমাণ করে যে, অন্ধকারই কখনোই অসহায় নয়, বরং তা নিজস্ব এক নিয়মিত ও সুসংহত বিন্যাসের অংশ।

কোরআনের অলৌকিকতা ও বৈজ্ঞানিক মিল

কোরআনের এই আয়াতটি ১৪০০ বছরের পূর্বে এমন এক দৃশ্যের বর্ণনা দিয়েছে, যা আজকের আধুনিক মহাসাগরবিদ্যা এবং জলবায়ু বিজ্ঞানের গবেষণায় স্পষ্টভাবে প্রমাণিত হয়েছে। গভীর সমুদ্রের অন্ধকার এবং এর স্তরগুলি বিজ্ঞানীদের দেখিয়েছে যে, প্রকৃতির প্রতিটি স্তরে একটি নির্দিষ্ট নিয়মাবলী ও সুসংহত বিন্যাস রয়েছে। এই মিল আমাদেরকে শেখায় যে, কোরআনের বাণী শুধুমাত্র আধ্যাত্মিক নির্দেশনা নয়, বরং এটি প্রকৃতির বৈজ্ঞানিক সত্যের একটি অবিচ্ছেদ্য অংশও বটে।

মহাসাগরের স্রোত ও গভীর অন্ধকারের এই ব্যাখ্যা আমাদের স্মরণ করিয়ে দেয় যে, সৃষ্টির প্রতিটি উপাদানে সৃষ্টিকর্তার অসীম জ্ঞান ও পরিকল্পনা নিহিত। প্রাকৃতিক পরিবেশের এই গভীরতা ও রহস্য আধুনিক বিজ্ঞান ও কোরআনের বাণীর মধ্যে এক অসামান্য মিল প্রকাশ করে।

৭.২: মহাসাগরের বাধা (Barrier between Seas)

- **সুরা আর-রহমান (৫৫:১৯-২০):**

مَرَجَ ٱلْبَحْرَيْنِ يَلْتَقِيَانِ
بَيْنَهُمَا بَرْزَخٌ لَّا يَبْغِيَانِ

"তিনি দুই সমুদ্রকে প্রবাহিত করেছেন; যখন তারা মিলিত হয়, তাদের মাঝখানে রয়েছে এক অন্তরায়, যা তারা অতিক্রম করে না।"

ভূমিকা

কোরআনের এই আয়াত মহাসাগরের দুটি ভিন্ন ধরনের স্রোত বা তরঙ্গের মধ্যে বিদ্যমান অস্পষ্ট বাধার কথা উল্লেখ করে। আয়াতে বর্ণিত বাধা এমন এক অদৃশ্য সীমার উদাহরণ, যা দুইটি সমুদ্রকে একে অপরের থেকে পৃথক রেখে দেয়, যাতে তারা মিলিত হলেও একে অপরের সাথে পুরোপুরি মিশে না যায়। আধুনিক মহাসাগরবিদ্যা এ বিষয়টি ব্যাখ্যা করে যে, দুইটি বিভিন্ন ধরনের সমুদ্র—যেমন, একটি লবণাক্ত এবং অন্যটি মিষ্টি পানি বা বিভিন্ন তরঙ্গের গতিবেগ ও রাসায়নিক গঠন—একত্রে মিলিত হলেও তাদের নিজস্ব স্বতন্ত্রতা বজায় থাকে।

বৈজ্ঞানিক বিশ্লেষণ

১. রাসায়নিক এবং পদার্থবিজ্ঞানের দৃষ্টিকোণ

- **লবণাক্ততা ও ঘনত্বের পার্থক্য:**

দুটি সমুদ্র যখন মিলিত হয়, তখন তাদের মধ্যে যদি লবণের পরিমাণ, ঘনত্ব বা অন্যান্য রাসায়নিক উপাদানের পার্থক্য থাকে, তবে একে অপরের সাথে সম্পূর্ণ মিশে যাওয়া কঠিন হয়ে পড়ে।

- **প্রবাহ ও তরঙ্গের বৈচিত্র্য:**

  সমুদ্রের প্রবাহ, তরঙ্গের গতিবেগ ও দিকভেদ তাদের পানির গতিশীলতা নির্ধারণ করে। এই পার্থক্যের কারণে দুইটি সমুদ্রের সংস্পর্শেও এক নির্দিষ্ট স্তরের বিভাজন রয়ে যায়।

২. ভূতাত্ত্বিক ও জলবায়ু বিজ্ঞান

- **ভৌগোলিক বাধা:**

  কখনও কখনও প্রাকৃতিক ভূগোল যেমন তলদেশ, দ্বীপপুঞ্জ বা সমুদ্রের তলদেশের বৈচিত্র্য দুইটি সমুদ্রকে আলাদা করে রাখে।

- **জলবায়ুর প্রভাব:**

  বিভিন্ন জলবায়ু ও তাপমাত্রার পার্থক্যও সমুদ্রের বৈশিষ্ট্য ও প্রবাহের মধ্যে পরিবর্তন এনে দেয়, যার ফলে দুইটি সমুদ্রের মিশ্রণ সীমিত হয়ে যায়।

আধুনিক বিজ্ঞান এবং কোরআনের মিল

সুরা আর-রহমানের এই আয়াতটি প্রাচীন যুগে আবিষ্কৃত হলেও, আজকের বৈজ্ঞানিক গবেষণা স্পষ্ট করে দিয়েছে যে, পৃথিবীর কিছু মহাসাগরীয় সীমান্ত ও বাধা শুধুমাত্র ভৌগোলিক নয়, বরং রাসায়নিক এবং পদার্থবিজ্ঞানের নির্দিষ্ট নিয়মাবলীর ফলাফল।

- **সমুদ্রের দ্বৈততা:**

  উদাহরণস্বরূপ, আটলান্টিক ও ভারত মহাসাগরের মাঝে এমন একটি প্রাকৃতিক বাধা আছে, যেখানে পানির লবণাক্ততা, ঘনত্ব এবং প্রবাহের পার্থক্যের কারণে দুই সমুদ্রের পানি পুরোপুরি মিশে যায় না।

- **কোরআনের ইঙ্গিত:**

  এই প্রাকৃতিক নিয়মাবলী কোরআনের আয়াতে প্রতিফলিত হয়েছে, যা প্রমাণ করে যে আল্লাহ তায়া'লা সৃষ্টির প্রতিটি স্তরে একটি সুসংহত এবং নিখুঁত ব্যবস্থা প্রয়োগ করেছেন।

আধ্যাত্মিক ও বৈজ্ঞানিক দৃষ্টিভঙ্গি

আধুনিক বিজ্ঞান যেমন রাসায়নিক গঠন, প্রবাহ এবং ভৌগোলিক বৈচিত্র্যের মাধ্যমে এই বাধাটিকে ব্যাখ্যা করে, তেমনি আধ্যাত্মিকভাবে এই আয়াতটি আমাদের স্মরণ করিয়ে দেয় যে, আল্লাহর সৃষ্টি কেবল দৈহিক উপাদান নয়, বরং তার মধ্যে রয়েছে এক গভীর, সুসংহত বিধি ও নিয়মাবলী।

- **আধ্যাত্মিক বার্তা:**

  আল্লাহ নির্দেশ দিয়েছেন যে, সৃষ্টি এমনভাবে করা হয়েছে যাতে প্রতিটি উপাদান তার নিজস্ব স্বতন্ত্রতা বজায় রাখে, যা মানব জীবনের জন্য একটি নৈতিক ও আধ্যাত্মিক বার্তা বহন করে।

- **বৈজ্ঞানিক বার্তা:**

  সমুদ্রের এই বাধা আমাদেরকে শেখায় যে, প্রকৃতির প্রতিটি স্তরে নিখুঁত নিয়মাবলী ও বৈচিত্র্য বিদ্যমান, যা কেবল একটি দৈব পরিকল্পনারই ফল।

সুরা আর-রহমানের এই আয়াতের মাধ্যমে, কোরআন আমাদেরকে এক অসামান্য জ্ঞানের বার্তা প্রদান করে—প্রকৃতির প্রতিটি উপাদান, এমনকি সমুদ্রের মিলিত হওয়া সত্ত্বেও, তাদের নিজস্ব স্বতন্ত্রতা ও বৈশিষ্ট্য বজায় রাখতে সক্ষম। আধুনিক বিজ্ঞানও এটাই প্রমাণ করেছে, যা আমাদেরকে আল্লাহর সৃষ্টির গভীরতা এবং সুসংহত ব্যবস্থার প্রতি নতুন দৃষ্টিভঙ্গি প্রদান করে।

৭.৩: মেঘের ভার ও বৃষ্টিপাত (Heavy Clouds and Rainfall)

- **সুরা আর-রূম (৩০:৪৮):**

يُرْسِلُ الرِّيَاحَ فَتُثِيرُ سَحَابًا فَيَبْسُطُهُ فِي السَّمَاءِ كَيْفَ يَشَاءُ وَيَجْعَلُهُ كِسَفًا فَتَرَى
الْوَدْقَ يَخْرُجُ مِنْ خِلَالِهِ فَإِذَا أَصَابَ بِهِ مَن يَشَاءُ مِنْ عِبَادِهِ إِذَا هُمْ يَفْرَحُونَ

"তিনি মেঘকে সংগ্রহ করেন, তারপর তা ভারী করে তুলেন, যাতে তারা তাঁর নির্দেশে বর্ষা নিয়ে আসে।"

ভূমিকা

মেঘ মানব সভ্যতার জন্য বর্ষার বার্তা ও পানির উৎস হিসেবে অপরিহার্য। কোরআনের এই আয়াত মেঘের ভার এবং এর মাধ্যমে বৃষ্টিপাত আনার প্রক্রিয়া নিয়ে আল্লাহর সৃষ্টির সূক্ষ্ম নিয়মাবলী তুলে ধরে। আধুনিক জলবায়ু ও আবহাওয়ার বিজ্ঞানের দৃষ্টিতে, মেঘ গঠন, তাদের ভার এবং অবশেষে বৃষ্টির উৎপাদন একটি জটিল প্রক্রিয়া, যা প্রাকৃতিক বৈজ্ঞানিক নিয়মাবলীর উপর ভিত্তি করে পরিচালিত হয়। এই আয়াতটি সেই জটিলতা ও সুসংহততা

বোঝাতে সহায়ক।

বৈজ্ঞানিক বিশ্লেষণ

১. মেঘের গঠন ও ভার

- **মেঘের সৃষ্টি:**

  মেঘ তৈরি হয় যখন বায়ুর আর্দ্রতা (পানির বাষ্প) ঠান্ডা হয়ে কন্ডেন্সেশন (সংগঠিত হওয়া) প্রক্রিয়ার মাধ্যমে ছোট ছোট পানি বা বরফের কণায় রূপান্তরিত হয়।

- **ভার নির্ধারণ:**

  যখন এই পানি কণাগুলো একত্রিত হয়ে একটি বৃহৎ মেঘ গঠন করে, তখন মেঘের ভার বাড়ে।

  - যদিও মেঘের মধ্যে থাকা পানির পরিমাণ অনেক, তা এত ভারী না হওয়ার কারণ, প্রতিটি পানি কণার চারপাশে বায়ু থাকে যা তার আপেক্ষিক ভার কমায়।
  - তবু, যখন একটি মেঘের ভার একটি নির্দিষ্ট স্তরে পৌঁছে যায়, তখন তা বৃষ্টিপাত শুরু করে।

---

২. বৃষ্টিপাতের প্রক্রিয়া

- **ভারসাম্য ও চাপ:**

  মেঘে জমাকৃত পানি কণাগুলো, যখন তাদের ভার নির্দিষ্ট সীমা ছাড়িয়ে যায়, তখন বায়ুর চাপ এবং ঠান্ডা তাপমাত্রার কারণে, এই কণাগুলো একসাথে মিলে বিন্দু বিন্দু করে বৃষ্টির ফোঁটা হিসেবে পৃথিবীতে পড়তে শুরু করে।

- **জলচক্রের অংশ:**

  এই প্রক্রিয়াটি পৃথিবীর জলচক্রের অপরিহার্য অংশ, যা বায়ুমণ্ডল, সমুদ্র এবং ভূমির মধ্যে পানির প্রবাহ এবং পুনঃবিতরণ নিশ্চিত করে।

---

৩. আয়াতের ব্যাখ্যা ও আধুনিক বিজ্ঞান

- **আল-কোরআনের ইঙ্গিত:**

  সুরা আর-রূমের এই আয়াতে বলা হয়েছে, "তিনি মেঘকে সংগ্রহ করেন, তারপর তা ভারী করে তুলেন, যাতে তারা তাঁর নির্দেশে বর্ষা নিয়ে আসে।"

- এখানে “ভারী করে তোলা” কেবল শারীরিক ভার বৃদ্ধি নয়, বরং এটি মেঘের মধ্যে থাকা পানির পরিমাণের এমন এক সীমা নির্দেশ করে, যার পরে মেঘ নিজে অপরিবর্তনীয় হয়ে বৃষ্টির আকারে পানির মুক্তি দেয়।

- **আধুনিক বৈজ্ঞানিক ব্যাখ্যা:**

  জলবায়ু বিজ্ঞান অনুযায়ী, মেঘের ভার ও বৃষ্টির উৎপাদন একটি নিখুঁত সমন্বয় এবং নিয়ন্ত্রণের ফল।

  - মেঘ গঠন, তাদের পরিমাপ, ভার নির্ধারণ এবং বৃষ্টির সময়কাল—এসবই প্রাকৃতিক সূত্রাবলী এবং আবহাওয়ার গতিবিধি দ্বারা নিয়ন্ত্রিত।
  - এই প্রক্রিয়া এমনভাবে সুসংহত যে, পৃথিবীর বিভিন্ন অঞ্চলে বৃষ্টির পরিমাণ ও সময়কাল ভিন্ন হলেও, প্রতিটি অঞ্চলে এটি একটি নির্দিষ্ট নিয়ম এবং সমন্বয় অনুযায়ী ঘটে।

আধ্যাত্মিক ও বৈজ্ঞানিক বার্তা

- **আধ্যাত্মিক দৃষ্টিভঙ্গি:**

  কোরআনের এই আয়াত আমাদেরকে স্মরণ করিয়ে দেয় যে, আল্লাহ সৃষ্টির প্রতিটি স্তরে নিখুঁত পরিকল্পনা ও নিয়ম প্রয়োগ করেছেন। মেঘের ভার বৃদ্ধি এবং বৃষ্টির অবিরাম ধারা মানব জীবনের জন্য সৃষ্টির এক অপরিহার্য দান, যা আমাদের কৃষি, পানি সরবরাহ এবং প্রাকৃতিক সৌন্দর্যের জন্য অত্যন্ত গুরুত্বপূর্ণ।

- **বৈজ্ঞানিক দৃষ্টিভঙ্গি:**

  আধুনিক বৈজ্ঞানিক গবেষণা প্রমাণ করেছে যে, মেঘের গঠন ও বৃষ্টির প্রক্রিয়া একটি জটিল, কিন্তু নিখুঁতভাবে নিয়ন্ত্রিত প্রাকৃতিক ঘটনা। এটি প্রাকৃতিক বিশ্বে আল্লাহর সৃষ্টির গোপন রহস্যের এক জীবন্ত উদাহরণ।

মেঘের ভার ও বৃষ্টিপাতের প্রক্রিয়া কোরআনের আয়াতের মাধ্যমে তুলে ধরা হয়েছে যা আধুনিক জলবায়ু বিজ্ঞানের সাথে অভূতপূর্বভাবে সামঞ্জস্যপূর্ণ। এই মিল আমাদেরকে এক অনন্য দৃষ্টিকোণ প্রদান করে—যেখানে আধ্যাত্মিকতা এবং বিজ্ঞান একে অপরকে পরিপূরক করে মানবজীবনের উন্নতি এবং প্রাকৃতিক সৌন্দর্যের প্রতি অনুপ্রেরণা জোগায়।

৭.৪: সমুদ্রের জোয়ার ও চন্দ্রের প্রভাব

- **সুরা আর-রহমান (৫৫:৫-৭):**

الرَّحْمَٰنُ (٥) عَلَّمَ الْقُرْآنَ (٦) خَلَقَ الْإِنسَانَ (٧

"তিনি সূর্য ও চাঁদ সৃষ্টি করেছেন, প্রত্যেকেই নির্দিষ্ট কক্ষপথে সাঁতার কাটছে; সূর্য ও চাঁদের চলাচলের মধ্যে এমন সুক্ষ্ম সমন্বয় আছে, যা মানবজীবনের প্রতি নির্দেশিকা প্রদান করে।"

ভূমিকা

সমুদ্রের জোয়ার ও ভাঙনের প্রক্রিয়া মানব সভ্যতার জন্য এক গুরুত্বপূর্ণ প্রাকৃতিক ঘটনা। কোরআনের সুরা আর-রহমানের এই আয়াত, যা সূর্য ও চাঁদের সৃষ্টির কথা উল্লেখ করে, আধুনিক বিজ্ঞানের আলোকে এক অসাধারণ অর্থ লাভ করে। সূর্য ও চাঁদের নির্দিষ্ট কক্ষপথ ও মাধ্যাকর্ষণ প্রভাবের মাধ্যমে সমুদ্রের জোয়ার—উচ্চ জোয়ার ও নিম্ন জোয়ার—ঘটিত হয়। এটি প্রমাণ করে যে, সৃষ্টির প্রতিটি উপাদানে এক নিখুঁত ও সুসংহত ব্যবস্থা বিদ্যমান, যা শুধুমাত্র আধ্যাত্মিক দিক থেকেই নয়, বৈজ্ঞানিক দৃষ্টিকোণ থেকেও গভীর তাৎপর্যপূর্ণ।

বৈজ্ঞানিক বিশ্লেষণ

১. সৌর ও চাঁদের কক্ষপথ ও মাধ্যাকর্ষণ

- **নির্দিষ্ট কক্ষপথ:**

কোরআনের আয়াত অনুযায়ী, সূর্য ও চাঁদ প্রত্যেকেই নির্দিষ্ট কক্ষপথে চলতে থাকে। আধুনিক জ্যোতির্বিজ্ঞানও প্রমাণ করেছে যে, এই গ্রহাণুগুলো একটি স্থায়ী এবং নিয়মিত গতিতে নিজেদের কক্ষপথে আবর্তিত হয়।

- **মাধ্যাকর্ষণ প্রভাব:**

যদিও সূর্যের ভর অনেক বেশি, তবু পৃথিবীর কাছে চাঁদের আপেক্ষিক নিকটত্ব এবং তার মাধ্যাকর্ষণ প্রভাব সমুদ্রের জোয়ারকে সবচেয়ে বেশি প্রভাবিত করে। চাঁদের মাধ্যাকর্ষণ সমুদ্রের পানিকে টেনে নিয়ে যায়, যার ফলে উচ্চ জোয়ার সৃষ্টি হয়।

২. সমুদ্রের জোয়ার-ভাঙনের প্রক্রিয়া

- **উচ্চ জোয়ার ও নিম্ন জোয়ার:**

যখন চাঁদ পৃথিবীর এক পাশে থাকে, তখন তার মাধ্যাকর্ষণ পৃথিবীর উক্ত অংশে পানিকে টেনে নিয়ে যায়, যার ফলে উচ্চ জোয়ার হয়। বিপরীত দিক থেকে, পানির পরিমাণ হ্রাস পায় এবং নিম্ন জোয়ার ঘটে।

- **সৌর প্রভাব:**

সূর্যের মাধ্যাকর্ষণও সমুদ্রের জোয়ারকে প্রভাবিত করে, তবে চাঁদের তুলনায় এর প্রভাব কম। সূর্য ও চাঁদের যৌথ মাধ্যাকর্ষণ মিলিত হয়ে, বৎসরভর পরিবর্তনশীল বিভিন্ন ধরনের জোয়ার—যেমন স্প্রিং টাইড (spring tide) ও নিপ টাইড (neap tide)—সৃষ্টি করে।

৩. কোরআনের আয়াত ও আধুনিক বিজ্ঞান

- **আয়াতের প্রাসঙ্গিকতা:**

সুরা আর-রহমানের আয়াতে সূর্য ও চাঁদের নির্দিষ্ট কক্ষপথ এবং চলাচলের কথা বলা হয়েছে, যা আধুনিক বিজ্ঞানও প্রমাণ করে। এই কক্ষপথের নির্দিষ্টতা ও তাদের মাধ্যাকর্ষণ প্রভাবের ফলস্বরূপ, সমুদ্রের জোয়ার ও নিম্ন জোয়ার একটি নিখুঁত সমন্বয় নিয়ে ঘটে।

- **দৈব পরিকল্পনার প্রদর্শনী:**

এই মিল প্রমাণ করে যে, আল্লাহর সৃষ্টিতে প্রতিটি উপাদান—সৌর, চাঁদ, এবং সমুদ্র—এক অপরের সাথে গভীরভাবে সংযুক্ত। সূর্য ও চাঁদের স্থায়ী গতিতে কাজ করে যে জোয়ার-ভাঙন, তা কেবল শারীরিক প্রক্রিয়া নয়; বরং এটি একটি আধ্যাত্মিক বার্তা বহন করে, যা মানবজাতিকে মনে করিয়ে দেয় সৃষ্টির নিখুঁততা ও সুসংহত নিয়মাবলী।

আধ্যাত্মিক ও বৈজ্ঞানিক বার্তা

- **আধ্যাত্মিক দৃষ্টিভঙ্গি:**

  আল্লাহ তা'আলার সৃষ্টি এমনভাবে পরিকল্পিত হয়েছে, যেখানে সূর্য ও চাঁদের চলাচলের নিখুঁততা মানব জীবনের নৈর্ব্যক্তিক ও নৈতিক দিকেও নির্দেশনা দেয়। সমুদ্রের জোয়ার ও নিম্ন জোয়ার আমাদেরকে স্মরণ করিয়ে দেয় যে, সৃষ্টিতে প্রত্যেক উপাদানের একটি নির্দিষ্ট স্থান এবং সময় আছে, যা দিক নির্দেশনার সাথে সম্পর্কিত।

- **বৈজ্ঞানিক দৃষ্টিভঙ্গি:**

  আধুনিক গবেষণা প্রমাণ করেছে যে, সমুদ্রের জোয়ার-ভাঙন প্রক্রিয়া চাঁদের মাধ্যাকর্ষণ ও সূর্যের প্রভাবের সঠিক সমন্বয়ে ঘটে। এই প্রক্রিয়া, যার ফলাফল মানব জীবনের জন্য অপরিহার্য, তা কোরআনের আয়াতের মাধ্যমে এক অসাধারণ নিদর্শন হয়ে ওঠে।

  সুরা আর-রহমানের (৫৫:৫-৭) আয়াতের মাধ্যমে, কোরআন আমাদেরকে সূর্য ও চাঁদের নিখুঁত কক্ষপথ এবং তাদের মাধ্যাকর্ষণ প্রভাবের মাধ্যমে সমুদ্রের জোয়ার ও নিম্ন জোয়ার-এর রহস্যময় ও সুসংহত প্রক্রিয়ার কথা স্মরণ করিয়ে দেয়। এই বৈজ্ঞানিক ও আধ্যাত্মিক মিল আমাদেরকে আরও গভীরভাবে শেখায় যে, প্রকৃতির প্রতিটি উপাদান আল্লাহর অদ্বিতীয় পরিকল্পনার অংশ এবং মানব জীবনের জন্য এক অপরিহার্য দিক নির্দেশনা বহন করে।

অষ্টম অধ্যায়:
ভূতাত্ত্বিক ও প্রাকৃতিক দুর্যোগ

ভূমিকা
প্রকৃতিতে বিভিন্ন প্রাকৃতিক দুর্যোগ আমাদের দৈনন্দিন জীবনে অনেক প্রভাব ফেলে। এই অধ্যায়ে আমরা ভূমিকম্প এবং উচ্চশব্দের প্রভাব—দুটি এমন দুর্যোগের বিষয় নিয়ে আলোচনা করবো, যা শুধুমাত্র বিজ্ঞানসম্মত ব্যাখ্যায় সীমাবদ্ধ নয়, বরং পবিত্র কোরআনের আয়াতের মাধ্যমে আল্লাহর সৃষ্টির সুসংহত নিয়মাবলীর পরিচয়ও দেয়।

৮.১: ভূমিকম্পের কারণ (Seismic Waves)

- **সুরা যিলযাল (৯৯:১-২):**

إِذَا ٱلْزُّلْزِلَتِ ٱلْأَرْضُ زِلْزَالَهَا
وَأَخْرَجَتِ ٱلْأَرْضُ أَثْقَالَهَا

"যখন পৃথিবী তার ভূকম্পনে কেঁপে উঠবে, এবং তৎক্ষণাৎ তুমিই দেখবে, সেই দিন।"

ভূমিকম্পের আয়াত ও প্রেক্ষাপট

কোরআনের এই আয়াত আমাদের স্মরণ করিয়ে দেয় যে, পৃথিবী তার নিজস্ব কম্পনের মধ্য দিয়ে অচেনা সময়ে জেগে ওঠে। যদিও আয়াতটি আধ্যাত্মিক দিক থেকে মানবজাতিকে সতর্কবার্তা প্রদান করে, আধুনিক ভূতাত্ত্বিক গবেষণা আমাদের বলে যে, এই ভূমিকম্পের কারণ হচ্ছে পৃথিবীর টেকটনিক প্লেটের নড়াচড়া এবং সেই সাথে সৃষ্ট বিভিন্ন ধরনের সিসমিক (ভূকম্পনী) তরঙ্গ।

বৈজ্ঞানিক বিশ্লেষণ

1. **টেকটনিক প্লেটের নড়াচড়া:**
    - পৃথিবী এক বৃহৎ, ভাসমান টেকটনিক প্লেটে বিভক্ত, যা একে অপরের সাথে ধীরে ধীরে সংঘর্ষ, বিচ্ছিন্নতা ও স্লিপের মাধ্যমে গতিশীল।
    - এই প্লেটগুলোর সংঘর্ষ বা আলগা হয়ে যাওয়ার ফলে ভূত্বকের চাপ জমা হয় এবং হঠাৎ মুক্তি পেলে ভূমিকম্প সৃষ্টি হয়।
    - ভূমিকম্পের সময়, সেই জমা হওয়া শক্তি সিসমিক তরঙ্গের আকারে ছড়িয়ে পড়ে, যা পৃথিবীর ভেতরে প্রবাহিত হয় এবং মাটির কম্পন সৃষ্টি করে।

2. **সিসমিক তরঙ্গ:**
    - ভূমিকম্পের সময় মাটির ভেতরে সৃষ্টি হওয়া তরঙ্গগুলিকে সিসমিক তরঙ্গ বলা হয়।
    - এগুলো মূলত দুই প্রকার: প্রাথমিক তরঙ্গ (P-waves) ও মাধ্যমিক তরঙ্গ (S-waves)।
    - P-waves প্রথমে পৌঁছে যায় কারণ এগুলো সবচেয়ে দ্রুতগতিতে ছড়িয়ে পড়ে, এবং S-waves পরে পৌঁছায়, যা ভিন্ন ধরনের কম্পন সৃষ্টি করে।
    - এই তরঙ্গগুলোর গতিবিধি ও শক্তি নির্ধারণ করে ভূমিকম্পের তীব্রতা ও প্রভাব।
3. **ভূমিকম্পের প্রাকৃতিক এবং সামাজিক প্রভাব:**
    - ভূমিকম্প শুধু ভৌগোলিক দুর্যোগ নয়, এটি মানব জীবনে ব্যাপক সামাজিক, অর্থনৈতিক ও পরিবেশগত প্রভাব ফেলে।
    - প্রাকৃতিক দুর্যোগ হিসেবে ভূমিকম্পের পূর্বাভাস ও পর্যবেক্ষণ আধুনিক প্রযুক্তির মাধ্যমে অনেকটাই উন্নত হয়েছে, তবে কোরআনের এই আয়াত এখনও মানবজাতিকে সতর্ক করে যে, পৃথিবীর ভেতরে এমন এক শক্তির অধিকার রয়েছে যা মানুষের ধারণার বাইরের।

আধ্যাত্মিক দৃষ্টিভঙ্গি ও অলৌকিকতা

কোরআনের এই আয়াতটি শুধুমাত্র ভৌগোলিক প্রক্রিয়ার একটি বিবরণ নয়; এটি আধ্যাত্মিক বার্তা বহন করে।

- এটি মানবজাতিকে স্মরণ করিয়ে দেয় যে, পৃথিবী—যা আমাদের জন্য এক নিরাপদ আশ্রয়স্থল—এক দিন হঠাৎ করেই তার নিজস্ব কম্পনের মধ্য দিয়ে ওঠে, যা আমাদের জীবনের অনিশ্চয়তা ও নাজুকতাকে প্রতিফলিত করে।
- এই আয়াতের মাধ্যমে সৃষ্টিকর্তার পরিকল্পনার অপরিসীমতা ও নিয়ন্ত্রণ প্রকাশ পায়। যদিও ভূমিকম্পের বৈজ্ঞানিক কারণগুলি আজ আমরা বুঝতে পারি, তবু তা আল্লাহর পক্ষ থেকে নির্ধারিত এক সুসংহত নিয়মাবলী ও সময়সীমার অংশ, যা মানবজাতিকে সতর্ক ও জাগ্রত রাখতে সাহায্য করে।

ভূমিকম্পের কারণ—যা টেকটনিক প্লেটের নড়াচড়া এবং সিসমিক তরঙ্গের মাধ্যমে ব্যাখ্যাত হয়—এটি কোরআনের সেই আয়াতের সাথে গভীরভাবে সঙ্গতিপূর্ণ। ১৪০০ বছরের পুরনো এই আয়াত আজকের আধুনিক ভূতাত্ত্বিক তত্ত্ব ও প্রযুক্তির সঙ্গে এক অসামান্য মিল প্রকাশ করে।

এটি প্রমাণ করে যে, সৃষ্টির প্রতিটি প্রক্রিয়া আল্লাহর অসীম জ্ঞানের নিদর্শন, যা মানবজাতিকে প্রাকৃতিক দুর্যোগের মাঝে সতর্ক থাকার আহ্বান জানায় এবং বৈজ্ঞানিক দৃষ্টিকোণ থেকেও এক অসাধারণ অনুপ্রেরণা সরবরাহ করে।

৮.২: উচ্চশব্দের প্রভাব (Sound Waves)

وَيَوْمَ يُنفَخُ فِي ٱلصُّورِ فَفَزِعَ مَن فِي ٱلسَّمَٰوَٰتِ وَمَن فِي ٱلْأَرْضِ إِلَّا مَن شَآءَ ٱللَّهُۚ وَكُلٌّ أَتَوْهُ دَٰخِرِينَ

"এমনকি যদি তুমি সেই শব্দের পরিমাণ গণনা কর, তা তোমার সক্ষমতার বাইরে।"

ভূমিকা

কোরআনের এই আয়াতটি উচ্চশব্দ বা তীব্র শব্দ তরঙ্গের এমন এক বৈশিষ্ট্যকে ইঙ্গিত করে, যা মানুষের ধারণার চেয়েও বহুদূরে। আধুনিক পদার্থবিজ্ঞানের মতে, শব্দ তরঙ্গ হলো কম্পনের ধারাবাহিকতা যা বাতাস বা অন্য কোনো মাধ্যমের কণায় প্রেরিত হয়। উচ্চশব্দের ক্ষেত্রে, এই তরঙ্গগুলোর তরঙ্গদৈর্ঘ্য ছোট এবং শক্তি বেশী, যা তাদেরকে শক্তিশালী এবং প্রভাবশালী করে তোলে।

বৈজ্ঞানিক বিশ্লেষণ

১. শব্দ তরঙ্গের মৌলিক বৈশিষ্ট্য

- **কম্পন ও সংকোচন:**

  শব্দ তরঙ্গ মূলত একটি কম্পন তরঙ্গ। যখন কোনো বস্তু কম্পিত হয়, তখন তার চারপাশের কণায় চাপের পরিবর্তন ঘটে—প্রথমে সংকোচন (compression) এবং পরে বিস্তার (rarefaction) ঘটে।

- **তরঙ্গদৈর্ঘ্য ও ফ্রিকোয়েন্সি:**

  উচ্চশব্দের ক্ষেত্রে তরঙ্গদৈর্ঘ্য ছোট এবং ফ্রিকোয়েন্সি (আবৃত্তি) বেশি থাকে, যার ফলে এই তরঙ্গগুলো আরও শক্তিশালী এবং দূরত্বে বেশি প্রভাব বিস্তার করতে সক্ষম।

২. উচ্চশব্দের প্রভাব ও ব্যবহার

- **প্রাকৃতিক ও মানবসৃষ্ট প্রভাব:**

  উচ্চশব্দের তরঙ্গগুলি নির্দিষ্ট পরিবেশে প্রচণ্ড কম্পন সৃষ্টি করতে পারে। উদাহরণস্বরূপ, ভূমিকম্পের সময় মাটির কম্পন এবং বাণিজ্যিক ক্ষেত্রে শব্দ তরঙ্গের কারণে এমন কিছু স্থাপত্য বা যন্ত্রাংশে ক্ষতি হওয়া—এসবেই এই প্রভাব প্রতিফলিত হয়।

- **তাপ উৎপাদন এবং তরঙ্গের শক্তি:**

  অত্যন্ত উচ্চ ফ্রিকোয়েন্সির শব্দ তরঙ্গ তরঙ্গদৈর্ঘ্যের কারণে অনেক বেশি শক্তি বহন করে, যা কখনো কখনো অবাঞ্ছিত কম্পন বা ধ্বংসাত্মক প্রভাব ফেলতে পারে।

- **প্রযুক্তিগত প্রয়োগ:**

  আধুনিক প্রযুক্তিতে, উচ্চশব্দকে (উচ্চ ফ্রিকোয়েন্সির শব্দ তরঙ্গ) বিভিন্ন ধরনের সেন্সর, আল্ট্রাসনিক স্যোনার এবং চিকিৎসা (উদাহরণস্বরূপ, আল্ট্রাসাউন্ড স্ক্যান) এর জন্য ব্যবহার করা হয়। এই ক্ষেত্রে শব্দ তরঙ্গের বৈশিষ্ট্য ও তার প্রভাবকে অত্যন্ত সুক্ষমভাবে নিয়ন্ত্রিত করা যায়।

৩. কোরআনের আয়াত ও আধুনিক বিজ্ঞান

- **আয়াতের ইঙ্গিত:**

  সুরা আন-নামল (২৭:৮৭) এ যে শব্দের পরিমাণ গণনা করার কথাটি উল্লেখ করা হয়েছে, তা আধুনিক বিজ্ঞানের আলোকে শব্দ তরঙ্গের অসীমতা ও বিস্তৃতিকে তুলে ধরে।

- **অসীমতা ও শক্তির প্রকাশ:**

  যদি আমরা শব্দ তরঙ্গের শক্তি ও এর বিস্তৃতি গণনা করতে চেষ্টা করি, তবে তা প্রায় অনন্ত মনে হবে, কারণ উচ্চশব্দের তরঙ্গের শক্তি এবং তার বহিরাগত প্রভাব আমাদের সাধারিত গণনার বাইরে।

- **আপেক্ষিকতা ও প্রভাব:**

  যেমন আমরা জানি, শব্দ তরঙ্গের প্রভাব মাধ্যমের উপর নির্ভর করে পরিবর্তিত হয়, ঠিক তেমনি আয়াতে ইঙ্গিত পাওয়া যায় যে, এই শব্দের প্রভাব বা তার পরিমাণ এমন এক মাত্রায় আছে, যা মানব মাপের বাইরে।

আধ্যাত্মিক ও বৈজ্ঞানিক বার্তা

- **আধ্যাত্মিক দৃষ্টিকোণ:**

  কোরআনের এই আয়াত আমাদের স্মরণ করিয়ে দেয় যে, সৃষ্টির প্রতিটি উপাদান—যেমন শব্দ তরঙ্গ—আল্লাহর অসীম জ্ঞান ও শক্তির নিদর্শন। উচ্চশব্দের অসীমতা আমাদেরকে এই বার্তা দেয় যে, আল্লাহর সৃষ্টি কতটা বিস্তৃত, যা মানব সৃষ্টির ধারণার সীমা ছাড়িয়ে যায়।

- **বৈজ্ঞানিক দৃষ্টিকোণ:**

  আধুনিক বিজ্ঞান প্রমাণ করেছে যে, শব্দ তরঙ্গের শক্তি, তার ফ্রিকোয়েন্সি এবং তরঙ্গদৈর্ঘ্য—এসবই একে অপরের সাথে গভীরভাবে সম্পর্কিত। এই প্রক্রিয়ার মাধ্যমে আমরা বুঝতে পারি কেন উচ্চশব্দের তরঙ্গগুলি বিশেষ প্রভাব বিস্তার করে এবং কেন তা গণনা করা প্রায় অসম্ভব।

সুরা আন-নামল (২৭:৮৭) এর এই আয়াতের মাধ্যমে, কোরআন উচ্চশব্দের অসীম শক্তি ও তার অসীমতা সম্পর্কে আলোকপাত করে। আধুনিক বিজ্ঞানও একই ধারণাকে প্রমাণ করে যে, শব্দ তরঙ্গের বৈশিষ্ট্য এবং প্রভাব এতটাই বিস্তৃত এবং শক্তিশালী যে, তা মানুষের সাধারিত গণনার বাইরে চলে যায়। এই মিল আমাদেরকে প্রেরণা দেয় যে, কোরআনের বাণী ও আধুনিক বিজ্ঞান একে অপরকে পরিপূরক করে, এবং সৃষ্টির প্রতিটি উপাদানে আল্লাহর অসীম পরিকল্পনার নিদর্শন নিহিত।

নবম অধ্যায়:

আয়রন ও অন্যান্য প্রাকৃতিক উপাদান

ভূমিকা

পৃথিবী এবং মহাবিশ্বের গঠন সূক্ষ্মভাবে একটি পরিকল্পিত ও নির্ধারিত নিয়ম মেনে পরিচালিত হয়। আল্লাহর সৃষ্টির নিদর্শনগুলোর মধ্যে সবচেয়ে গুরুত্বপূর্ণ হলো প্রকৃতির উপাদানসমূহ—যেগুলো আমাদের জীবন, উন্নতি এবং বিজ্ঞানের জগৎকে এগিয়ে নিয়ে গেছে। কোরআন অনেক আগেই আয়রন, পানি, বাতাস, গাছপালা, এবং অন্যান্য প্রাকৃতিক উপাদানকে আল্লাহর এক বিশেষ দান হিসেবে উল্লেখ করেছে। এই উপাদানগুলো একদিকে মানুষের অস্তিত্ব রক্ষা করছে, অন্যদিকে বিজ্ঞান ও প্রযুক্তির অগ্রগতির প্রধান স্তম্ভ হিসেবে কাজ করছে।

এই অধ্যায়ে, আমরা আলোচনা করবো আয়রনের মহাজাগতিক উৎস, অন্যান্য প্রাকৃতিক উপাদানের ভূমিকা, এবং এসব উপাদানের বৈজ্ঞানিক ব্যাখ্যা যা পবিত্র কোরআনের আয়াতের সাথে মিলে যায়।

৯.১: আয়রনের অবতরণ (Iron Sent Down)

আল্লাহ বলেন:

وَأَنزَلْنَا الْحَدِيدَ فِيهِ بَأْسٌ شَدِيدٌ وَمَنَافِعُ لِلنَّاسِ

"আমি লোহা প্রেরণ করেছি, যাতে রয়েছে প্রচণ্ড শক্তি এবং মানুষের জন্য রয়েছে বহু উপকার।"

-(সুরা আল-হাদিদ, ৫৭:২৫)

এখানে "আয়রনের প্রেরণ" বলতে শুধু পৃথিবীতে আয়রনের উপস্থিতিই নয়, বরং এর মহাজাগতিক উৎস এবং মানবকল্যাণে ভূমিকার প্রতি ইঙ্গিত করা হয়েছে। শুধু আয়রনই নয়, পৃথিবীর বায়ুমণ্ডল, জলচক্র, খাদ্য শৃঙ্খল এবং প্রাণের প্রতিটি উপাদান আল্লাহর অশেষ কৃপার নিদর্শন।

পবিত্র কোরআনে আয়রনের অবতরণের উল্লেখটি মানব সভ্যতার ইতিহাসে এক অসাধারণ বৈজ্ঞানিক ও আধ্যাত্মিক উদাহরণ হিসেবে বিবেচিত। হাজার হাজার বছর আগে যখন কোরআন অবতীর্ণ হয়েছিল, তখন আয়রনকে "প্রেরণ" বা "আবির্ভূত" করার কথা বলা হয়েছে। আজকের আধুনিক বিজ্ঞান এই ধারণাটিকে এক অসাধারণ পর্যায়ে ব্যাখ্যা করে: আয়রন মূলত মহাজাগতিক উৎস থেকে পৃথিবীতে আগমন করেছে।

বৈজ্ঞানিক বিশ্লেষণ

১. মহাকাশ থেকে আগমনকারী আয়রন

- **অন্তর্নিহিত তত্ত্ব:**

  বিজ্ঞানীরা নিশ্চিত করেছেন যে, পৃথিবীতে প্রাপ্ত আয়রন এবং অন্যান্য ভারী উপাদানগুলো মহাকাশ থেকে আগত হয়েছে।

  - সুপারনোভা এবং অন্যান্য মহাজাগতিক ঘটনা, যেখানে নক্ষত্র ধ্বংস হয়ে ভারী উপাদান নির্গত হয়, তারাই পরে আয়রন হিসেবে পৃথিবীতে পৌঁছে যায়।

- **ভৌত প্রক্রিয়া:**

  মহাজাগতিক ধ্বংসাবশেষ এবং সুপারনোভা বিস্ফোরণের মাধ্যমে আয়রন এবং অন্যান্য ভারী ধাতু গঠিত হয়। এই ধাতুগুলো মহাকর্ষের প্রভাবে একত্রিত হয়ে একটি নির্দিষ্ট পথ ধরে পৃথিবীতে "পতিত" হয়।

- **বৈজ্ঞানিক প্রমাণ:**

  খগোলবিদদের গবেষণায় প্রমাণিত হয়েছে যে, আয়রন এবং অন্যান্য ভারী উপাদানগুলোর অস্তিত্ব মহাজাগতিক নক্ষত্রগুলির বিস্ফোরণের ফল। আয়রনের পরমাণু, তার অভ্যন্তরীণ গঠন এবং isotopic composition বিশ্লেষণের মাধ্যমে জানা গেছে, এটির উৎস মহাজাগতিক।

২. আয়রনের ধর্মীয় বার্তা ও অলৌকিকতা

- **আধ্যাত্মিক ইঙ্গিত:** কোরআনে "আমি আয়রন প্রেরণ করেছি" বাক্যাংশটি শুধুমাত্র আয়রনের অবতরণকে না তুলে ধরে, বরং এটি আল্লাহর অদ্বিতীয় ক্ষমতা ও সৃষ্টির পরিকল্পনার প্রতি একটি গভীর ইঙ্গিত দেয়।

আয়রন যেমন মহাজাগতিক প্রক্রিয়ায় প্রেরিত হয়, তেমনি তা মানব সভ্যতার উন্নয়নে একটি অপরিহার্য ভূমিকা পালন করে।

- **আধুনিক বিজ্ঞানের সঙ্গে মিল:**

  আজকের বিজ্ঞানও প্রমাণ করেছে যে, আয়রন পৃথিবীতে শুধুমাত্র অভ্যন্তরীণ প্রক্রিয়ার মাধ্যমে গঠিত হয়নি, বরং এটি মহাবিশ্বের বিভিন্ন ধ্বংসাবশেষ থেকে আগত। এই মিল কোরআনের সেই বাণীর সাথে চমৎকারভাবে সামঞ্জস্যপূর্ণ।

৩. মানব সভ্যতায় আয়রনের গুরুত্ব

- **প্রযুক্তিগত অগ্রগতি:**

আয়রন মানব সভ্যতার অগ্রগতিতে এক অপরিহার্য উপাদান। আয়রনের ব্যবহার শুরু থেকেই নির্মাণ, অস্ত্র-সরঞ্জাম, কৃষি এবং আধুনিক প্রযুক্তিতে এক বিপুল ভূমিকা পালন করেছে।

- **আধ্যাত্মিক ও সামাজিক বার্তা:**

কোরআনের এই আয়াত আমাদেরকে স্মরণ করিয়ে দেয় যে, আল্লাহর সৃষ্টি এবং পরিকল্পনার একটি অংশ হিসেবে আয়রন অবতরণ করেছে, যা মানব সভ্যতার উন্নতির পেছনে এক মহৎ প্রেরণা হিসাবে কাজ করে।

- **বৈজ্ঞানিক প্রেরণা:**

আয়রনের মহাজাগতিক উৎসের ধারণা আধুনিক বিজ্ঞানকে এমন একটি দিক নির্দেশ করে যা আমাদের বোঝায় যে, মানব সভ্যতার ভিত্তি এমন এক মহাজাগতিক পরিকল্পনার অংশ, যেখানে প্রতিটি উপাদান নিখুঁতভাবে সাজানো

আয়রনের অবতরণ নিয়ে কোরআনের এই আয়াত, যা হাজার বছরের প্রাচীনতা থাকা সত্ত্বেও আধুনিক বিজ্ঞান দ্বারা সম্পূর্ণভাবে সমর্থিত, আমাদেরকে একটি অনন্য দৃষ্টিকোণ প্রদান করে। এটি প্রমাণ করে যে, কোরআনের বাণী শুধুমাত্র আধ্যাত্মিক বা নৈতিক নির্দেশনা প্রদান করে না, বরং এটি মহাজাগতিক প্রক্রিয়া ও ভৌত উপাদানের গঠনকেও স্পষ্টভাবে তুলে ধরে।

আয়রনের মহাজাগতিক উৎস এবং তার অবতরণ মানব সভ্যতার উন্নতির এক অপরিহার্য অংশ হিসেবে আজকের যুগে ও প্রাচীন কালেই অমুল্য প্রমাণিত হয়েছে।

৯.২: জলচক্র, বায়ুপ্রবাহ ও খাদ্য শৃঙ্খল

ভূমিকা

পৃথিবী এমন এক জৈবিক ও প্রাকৃতিক নেটওয়ার্ক, যেখানে জল, বায়ু এবং খাদ্য শৃঙ্খল একে অপরের সাথে গভীরভাবে জড়িত। পবিত্র কোরআনে বিভিন্ন আয়াতের মাধ্যমে সৃষ্টির এই সুসংহত নিয়মাবলী ও প্রাকৃতিক প্রক্রিয়ার ইঙ্গিত দেওয়া হয়েছে, যা মানবজীবন, পরিবেশ এবং প্রাকৃতিক চক্রের প্রতি আল্লাহর নিখুঁত পরিকল্পনার সাক্ষ্য বহন করে। আধুনিক বিজ্ঞানও জলচক্র, বায়ুপ্রবাহ এবং খাদ্য শৃঙ্খলের মাধ্যমে এই সৃষ্টির ধারাকে বিশ্লেষণ করেছে, যা কোরআনের বাণীর সাথে অবিচ্ছেদ্যভাবে মিল রেখেছে।

আল-কোরআনের ইঙ্গিত:

একাধিক আয়াতে আল্লাহ তা'আলা বলেছেন,

وَأَنزَلَ مِنَ ٱلسَّمَآءِ مَآءً فَسَلَكَهُۥ يَنَابِيعَ فِي ٱلْأَرْضِ ثُمَّ يُخْرِجُ بِهِۦ زَرْعًا مُّخْتَلِفًا أَلْوَٰنُهُۥ
ثُمَّ يَهِيجُ فَتَرَىٰهُ مُصْفَرًّا ثُمَّ يَجْعَلُهُۥ حُطَٰمًاۚ إِنَّ فِي ذَٰلِكَ لَذِكْرَىٰ لِأُو۟لِي ٱلْأَلْبَٰبِ

"হে লোকো, দেখো না কি, যে আল্লাহ আকাশ থেকে পানি নেমে দিচ্ছেন, যার দ্বারা তিনি বিভিন্ন রঙের ফল উদ্ভাবন করেন, এবং এতে সত্যিই এমন নিদর্শন রয়েছে যারা বোঝে।"

(সুরা আজ-জুমার, ৩৯:২১– অনুবাদ অনুযায়ী)

এই আয়াতের মাধ্যমে কোরআন আমাদেরকে স্মরণ করিয়ে দেয় যে, পৃথিবীতে জীবনের অস্তিত্বের মূল উপাদান হচ্ছে পানি। এ ছাড়াও, আকাশের তরঙ্গ, বায়ুপ্রবাহ ও জলচক্রের মাধ্যমেই খাদ্য শৃঙ্খলের পুরো সিস্টেম পরিচালিত হয়।

বৈজ্ঞানিক বিশ্লেষণ

1. **জলচক্র**
   - **উৎস:** সূর্যালোকের তাপে সমুদ্র, নদী ও অন্যান্য জলাশয় থেকে পানি বাষ্পে পরিণত হয় (উত্তাপ ও বাষ্পীভবন)।
   - **কনডেনসেশন:** এই বাষ্প ঠান্ডা হয়ে কনডেনসেশন প্রক্রিয়ার মাধ্যমে মেঘে পরিণত হয়।
   - **প্রসারণ ও বৃষ্টিপাত:** মেঘে জমাকৃত পানি যখন একটি নির্দিষ্ট ভারসাম্য ছাড়িয়ে যায়, তখন বৃষ্টির মাধ্যমে তা পৃথিবীতে ফিরে আসে।

- **পরিচালনা:** এই প্রক্রিয়া পুনরাবৃত্তিমূলকভাবে ঘটে থাকে, যা পৃথিবীতে জীবনের ধারাবাহিকতা নিশ্চিত করে।

2. কোরআনের আয়াতে পানি সৃষ্টি ও তার পুনরায় ব্যবহারের এই প্রক্রিয়া ইঙ্গিত দেয় যে, আল্লাহর সৃষ্টিতে একটি সুসংহত চক্র বিদ্যমান, যা মানব জীবনের জন্য অপরিহার্য

3. **বায়ুপ্রবাহ**

   - **গ্লোবাল সিক্লেশন:** পৃথিবীর আবহাওয়ার প্যাটার্ন ও বায়ুমণ্ডলের গঠন সূর্যালোক, তাপমাত্রা এবং ভূমধ্যসাগরের কার্যকলাপের মাধ্যমে নিয়ন্ত্রিত।
   - **প্রভাব:** বায়ুপ্রবাহ বিশ্বব্যাপী তাপ বিনিময়, জলচক্র এবং মেঘের গঠনে গুরুত্বপূর্ণ ভূমিকা পালন করে।

   - **বৈজ্ঞানিক ব্যাখ্যা:** বায়ুমণ্ডলের চাপ ও বাতাসের চলাচলের কারণে, নির্দিষ্ট অঞ্চলে শীতলতা ও উষ্ণতার পার্থক্য তৈরি হয়, যা স্থানীয় বায়ুপ্রবাহ ও আবহাওয়ার পরিবর্তনে প্রতিফলিত হয়।

4. **খাদ্য শৃঙ্খল**

   - **উৎপত্তি:** পৃথিবীতে সকল জীবন্ত সত্তা প্রাথমিকভাবে পানির উপর নির্ভরশীল। উদ্ভিদ সূর্যালোক, পানি ও কার্বন ডাই অক্সাইডের মাধ্যমে ফটোসিন্থেসিস করে খাদ্য উৎপাদন করে।

   - **উচ্চতর স্তর:** উদ্ভিদ খেয়ে জীবাণু, প্রাণী ও মানুষের খাদ্য শৃঙ্খল গঠিত হয়, যা একটি সুসংহত এবং ক্রমাগত প্রাকৃতিক প্রক্রিয়া।

   - **অর্থনৈতিক ও সামাজিক প্রভাব:** খাদ্য শৃঙ্খলের এই প্রক্রিয়া মানব সমাজের খাদ্য নিরাপত্তা, কৃষি এবং অর্থনৈতিক উন্নয়নে অপরিহার্য ভূমিকা পালন করে।

আধ্যাত্মিক ও বৈজ্ঞানিক মিল

কোরআনের আয়াত এবং আধুনিক বিজ্ঞান উভয়ই প্রমাণ করে যে, পৃথিবীর জলচক্র, বায়ুপ্রবাহ এবং খাদ্য শৃঙ্খল একটি সুসংহত নিয়মাবলী ও চক্রের অংশ।

- **আধ্যাত্মিক দৃষ্টিকোণ:** কোরআনের এই নির্দেশনা মানবজাতিকে স্মরণ করিয়ে দেয় যে, আল্লাহর সৃষ্টি এমনভাবে সাজানো যে, প্রতিটি উপাদান একে অপরের সাথে নির্দিষ্ট সমন্বয় বজায় রেখে কাজ করে।
- **বৈজ্ঞানিক দৃষ্টিকোণ:** আধুনিক জলবায়ু ও পরিবেশ বিজ্ঞান প্রমাণ করে যে, এই প্রাকৃতিক চক্রগুলোই পৃথিবীর বাসযোগ্যতা এবং জীবনের ধারাবাহিকতা নিশ্চিত করে।

জলচক্র, বায়ুপ্রবাহ ও খাদ্য শৃঙ্খলের প্রক্রিয়া কেবল একটি প্রাকৃতিক ঘটনা নয়; এটি আল্লাহর নিখুঁত পরিকল্পনার একটি জীবন্ত উদাহরণ। কোরআনের আয়াত, বিশেষ করে সুরা আজ-জুমার (৩৯:২১) এর ইঙ্গিত, আধুনিক বৈজ্ঞানিক তত্ত্বের সাথে মিলে যায় এবং মানবজাতিকে স্মরণ করিয়ে দেয় যে, প্রকৃতির প্রতিটি স্তরে আল্লাহর অদ্বিতীয় দয়া এবং জ্ঞান নিহিত।

৯.৩: প্রাণী ও উদ্ভিদের জেনেটিক প্রকৃতি

ভূমিকা

জীবনের সূক্ষ্ম গঠন এবং বৈচিত্র্যের পেছনে যে নিয়মাবলী এবং জেনেটিক কোড কাজ করে, তা আধুনিক বিজ্ঞানের অন্যতম চমকপ্রদ আবিষ্কার। কোরআন বহু আগে থেকেই সৃষ্টির এই বৈচিত্র্য এবং এর অন্তর্নিহিত নিয়মের প্রতি ইঙ্গিত দিয়েছে। প্রাণী ও উদ্ভিদের জেনেটিক প্রকৃতি মানবজাতিকে বুঝিয়ে দেয় যে, এই বৈচিত্র্যের পেছনে রয়েছে মহান আল্লাহর সুনিপুণ পরিকল্পনা।

আল-কোরআনের ইঙ্গিত

আল্লাহ বলেন:

ٱلَّذِي خَلَقَ فَسَوَّىٰ (٢) وَٱلَّذِي قَدَّرَ فَهَدَىٰ (٣)

"যিনি প্রত্যেক বস্তুকে সৃষ্টি করেছেন এবং পরিপূর্ণ করেছেন তার বিন্যাস। এবং যিনি প্রতিটি সৃষ্টিকে নির্ধারণ করেছেন এবং তাদের পথনির্দেশ করেছেন।" -

সুরা আল- আলা, ৮৭:২-৩

এই আয়াতে "বিন্যাস" শব্দটি জীবের গঠন এবং তাদের জেনেটিক বৈশিষ্ট্যের প্রতি ইঙ্গিত দেয়। জীবন্ত সত্তার বৈচিত্র্য এবং এর কার্যকর উপাদানগুলো এক সুনির্দিষ্ট নিয়মাবলীর ভিত্তিতে গড়ে উঠেছে।

জেনেটিক কোডের বৈজ্ঞানিক ব্যাখ্যা

1. **ডিএনএ (DNA): সৃষ্টির ব্লুপ্রিন্ট (Blueprint)**
    - **গঠন:** ডিএনএ হলো ডাবল-হেলিক্স স্ট্রাকচার যা প্রতিটি জীবের গঠন, বৃদ্ধি এবং বৈশিষ্ট্য নির্ধারণ করে।
    - **তথ্য পরিবহন:** এটি জীবের মধ্যে সমস্ত জৈবিক তথ্য বহন করে এবং প্রজন্ম থেকে প্রজন্মে স্থানান্তরিত করে।
    - **জীবের বৈচিত্র্য:** ডিএনএ-র ক্ষুদ্র পরিবর্তন বা মিউটেশনই প্রাণীর বৈচিত্র্যের কারণ। এটি আল্লাহর সৃষ্টির অসীমতাকে নির্দেশ করে।
2. **উদ্ভিদের জেনেটিক প্রকৃতি**
    - **ফটোসিন্থেসিস:** উদ্ভিদের জেনেটিক গঠন তাদের সূর্যালোককে শর্করায় রূপান্তরিত করতে সক্ষম করে, যা প্রাথমিক খাদ্য শৃঙ্খলের ভিত্তি।
    - **জেনেটিক বৈচিত্র্য:** উদ্ভিদের ক্রস-পরাগায়ন এবং পরিবেশের সাথে অভিযোজন তাদের মধ্যে বৈচিত্র্য এবং টিকে থাকার ক্ষমতা বৃদ্ধি করে।

3. **জীবনের বৈচিত্র্য ও আল্লাহর সৃজনশীলতা**
   - **প্রাণীর জেনেটিক বৈচিত্র্য:**

     প্রাণীরা বিভিন্ন পরিবেশে টিকে থাকার জন্য আলাদা জেনেটিক গঠন ধারণ করে। উদাহরণস্বরূপ, মেরু অঞ্চলের প্রাণীদের মোটা লোম আর মরুভূমির প্রাণীদের টিকে থাকার ক্ষমতা।

   - **আয়াতের সমর্থন:** কোরআনে বলা হয়েছে,

"তোমরা কি লক্ষ্য কর না, আল্লাহ কিভাবে সৃষ্টি করেন প্রথমবার, এরপর তাকে পুনরায় সৃষ্টি করবেন? এটি আল্লাহর জন্য সহজ।"
(সুরা আনকাবুত, ২৯:১৯)

এটি জীবের প্রজনন ও বিবর্তনের মাধ্যমে নতুন প্রজাতির সৃষ্টির প্রতি ইঙ্গিত দেয়

জেনেটিক প্রকৃতি ও মানব জীবন

আধুনিক জীববিজ্ঞান কোরআনের এই আয়াতগুলোর অর্থকে আরও গভীরভাবে প্রকাশ করেছে:

1. **জীবনের মৌলিক একক:**

   প্রতিটি প্রাণী ও উদ্ভিদের গঠন নির্ধারিত হয় কোষ দ্বারা, যা জেনেটিক উপাদানের বাহক।

2. **মানব প্রকৃতির গভীরতা:**

   মানব দেহে ২০ হাজারের বেশি জিন বিদ্যমান, যা প্রতিটি ব্যক্তির পৃথক বৈশিষ্ট্য নির্ধারণ করে।

3. **জীববিজ্ঞানের বিস্ময়:**

   ডিএনএ-র কোডিং ভাষা এত নিখুঁত যে এটি সৃষ্টিকর্তার নিখুঁত জ্ঞান ও ক্ষমতার প্রমাণ বহন করে।

আধ্যাত্মিক ও বৈজ্ঞানিক মিল

জেনেটিক কোড এবং জীবের বৈচিত্র্য আধুনিক বিজ্ঞানের সবচেয়ে গুরুত্বপূর্ণ আবিষ্কারগুলোর একটি। কোরআনের আয়াতগুলোতে আল্লাহ এই বৈচিত্র্যের প্রতি ইঙ্গিত

করে আমাদের স্মরণ করিয়ে দেন যে, সবকিছুই একটি নির্দিষ্ট নিয়মাবলীর অধীনে পরিচালিত হয়।

- **আধ্যাত্মিক দৃষ্টিকোণ:**

  প্রতিটি সৃষ্টিই আল্লাহর অসীম ক্ষমতার নিদর্শন।

- **বৈজ্ঞানিক দৃষ্টিকোণ:**

  জেনেটিক প্রকৃতির বিশ্লেষণ প্রমাণ করে যে, সৃষ্টির এই ধারায় আল্লাহর নির্ধারিত নিয়ম কাজ করছে।

  জীব ও উদ্ভিদের জেনেটিক প্রকৃতি, তাদের বিবর্তন এবং বৈচিত্র্যের পেছনে রয়েছে মহান সৃষ্টিকর্তার জ্ঞান ও শক্তির নিখুঁত প্রতিফলন। পবিত্র কোরআনের বিভিন্ন আয়াত এই বিষয়গুলোকে নির্দেশ করে, যা আধুনিক জীববিজ্ঞানের সাথে সরাসরি মিলে যায়।

দশম অধ্যায়

কোরআনের আয়াত ও আধুনিক বিজ্ঞানের ১০০+ প্রমাণ

ভূমিকা

কোরআন শুধুমাত্র একটি ধর্মগ্রন্থ নয়; এটি মানবতার জন্য একটি পূর্ণাঙ্গ গাইডলাইন এবং জ্ঞানের অতল ভাণ্ডার। চৌদ্দশো বছর আগে যখন বিজ্ঞান তার আধুনিক রূপে বিকশিত হয়নি, তখন কোরআন মহাবিশ্ব, মানবদেহ, প্রাকৃতিক উপাদান এবং পৃথিবীর বিভিন্ন বৈজ্ঞানিক বিষয়ে এমন সব তথ্য উপস্থাপন করেছে, যা আধুনিক বিজ্ঞানের সঙ্গে মিলে যায়।

পৃথিবীর গঠন থেকে শুরু করে মহাকাশের সম্প্রসারণ, জলচক্রের বর্ণনা, ভ্রূণের বিকাশ, পাহাড়ের ভূমিকা এবং আরও অনেক বিষয়ে কোরআনের নিদর্শন বিজ্ঞানকে এক নতুন মাত্রায় পৌঁছে দিয়েছে। এর মাধ্যমে আমরা বুঝতে পারি যে, কোরআন শুধু আধ্যাত্মিক নির্দেশনাই দেয় না বরং মানুষের চিন্তা, গবেষণা এবং আবিষ্কারের দিকনির্দেশনাও প্রদান করে।

আল্লাহ বলেন:

"আমি পৃথিবী ও মহাকাশ সৃষ্টি করেছি যথার্থ উদ্দেশ্যে।"

(সুরা আনকাবূত, ২৯:৪৪)

এই অধ্যায়ে, আমরা ১০০+ বৈজ্ঞানিক উদাহরণের মধ্যে থেকে কিছু গুরুত্বপূর্ণ বিষয় তুলে ধরবো এবং কোরআনের আয়াতের সঙ্গে তাদের তুলনামূলক বিশ্লেষণ করবো। আমরা দেখবো কিভাবে কোরআনের নিদর্শনগুলো আধুনিক বিজ্ঞানকে সমর্থন করে এবং বিজ্ঞান কীভাবে কোরআনের অসীম জ্ঞানকে স্বীকৃতি দেয়।

পয়েন্ট ১: মানবদেহের সৃজনশীল প্রক্রিয়া (ভ্রূণের বিকাশ)

আয়াত:
"আমি মানুষকে মাটির সারাংশ থেকে সৃষ্টি করেছি। অতঃপর তাকে শুক্রবিন্দুতে পরিণত করেছি নিরাপদ স্থানে। অতঃপর আমি শুক্রবিন্দুকে জমাট রক্তবিন্দু বানিয়েছি, এবং জমাট রক্তবিন্দুকে মাংসপিণ্ডে পরিণত করেছি।"

(সুরা আল-মুমিনুন, ২৩:১২-১৪)

বৈজ্ঞানিক দৃষ্টিকোণ:

১৯৬০-এর দশকে আলট্রাসাউন্ড প্রযুক্তি আবিষ্কারের পর বিজ্ঞান জানতে পেরেছে যে, মানব ভ্রূণ একাধিক ধাপে বিকাশ লাভ করে। কোরআনে বর্ণিত ধাপগুলো (নূতফা, আলাকা, মুদগা) আধুনিক ভ্রূণবিদ্যার সঙ্গে পুরোপুরি সামঞ্জস্যপূর্ণ।

পয়েন্ট ২: আকাশের প্রতিরক্ষামূলক স্তর (Ozone Layer)

আয়াত:
"আমি আকাশকে একটি সুরক্ষিত ছাদ বানিয়েছি, অথচ তারা এর নিদর্শনগুলো থেকে মুখ ফিরিয়ে নেয়।"

(সুরা আল-আম্বিয়া, ২১:৩২)

বৈজ্ঞানিক দৃষ্টিকোণ:
ওজোন স্তর সূর্যের ক্ষতিকর অতিবেগুনী রশ্মি থেকে পৃথিবীকে সুরক্ষিত রাখে। কোরআনে আকাশকে সুরক্ষামূলক ছাদ হিসেবে উল্লেখ করা হয়েছে, যা আধুনিক আবিষ্কারের সঙ্গে মিলিত।

পয়েন্ট ৩: আঙুলের ছাপের স্বতন্ত্রতা (Fingerprints)

আয়াত:
"মানুষ কি মনে করে যে, আমি তার অস্থিসমূহ একত্র করতে পারবো না? অবশ্যই পারবো, এমনকি আমি তার আঙুলের অগ্রভাগও পুনর্গঠন করতে সক্ষম।"

(সুরা আল-কিয়ামাহ, ৭৫:৩-৪)

বৈজ্ঞানিক দৃষ্টিকোণ:

১৯শ শতাব্দীতে বিজ্ঞান প্রমাণ করে যে প্রতিটি ব্যক্তির আঙুলের ছাপ আলাদা। কোরআনে এ স্বতন্ত্র বৈশিষ্ট্যকে চৌদ্দশো বছর আগেই উল্লেখ করা হয়েছে।

পয়েন্ট ৪: পাহাড়ের ভূমিকা (Mountains as Pegs)

আয়াত:

"আমি কি পৃথিবীকে একটি বিছানা বানাইনি এবং পাহাড়গুলোকে গাঁথা খুঁটির মতো স্থাপন করিনি?"

(সুরা আন-নাবা, ৭৮: ৬-৭)

বৈজ্ঞানিক দৃষ্টিকোণ:

আধুনিক ভূতত্ত্ব অনুসারে, পাহাড়ের শিকড় পৃথিবীর ভূত্বকের গভীরে প্রসারিত থাকে, যা টেকটোনিক প্লেটের স্থিতিশীলতা রক্ষা করে। কোরআনে পাহাড়কে "গাঁথা খুঁটি" বলা হয়েছে, যা টেকটোনিক ভূমিকার সঙ্গে সামঞ্জস্যপূর্ণ।

পয়েন্ট ৫: মানবদেহে পানির অপরিহার্যতা (Water in Human Body)

আয়াত:

"তিনি পানি থেকে মানুষ সৃষ্টি করেছেন এবং তাকে করেছেন বংশগত ও বৈবাহিক।"

(সুরা আল-ফুরকান, ২৫: ৫৪)

বৈজ্ঞানিক দৃষ্টিকোণ:

মানবদেহের ৭০% এরও বেশি পানি দ্বারা গঠিত। পানি কোষের কার্যক্রম এবং বেঁচে থাকার জন্য অপরিহার্য। এই বিষয়টি কোরআনে মানুষের সৃষ্টির সঙ্গে পানির সম্পর্ক তুলে ধরে।

পয়েন্ট ৬: মহাবিশ্বের সম্প্রসারণ (Expanding Universe)

আয়াত:

"আমি মহাবিশ্বকে শক্তিশালী হাতে গড়ে তুলেছি এবং আমরা তা সম্প্রসারিত করছি।" *(সুরা আয-যারিয়াত, ৫১: ৪৭)*

বৈজ্ঞানিক দৃষ্টিকোণ:

১৯২৯ সালে এডউইন হাবল প্রমাণ করেন যে মহাবিশ্ব ক্রমাগত সম্প্রসারিত হচ্ছে। কোরআনের এই আয়াত মহাবিশ্বের সম্প্রসারণের ধারণাকে ১৪০০ বছর আগেই উল্লেখ করেছে।

পয়েন্ট ৭: ভ্রূণের বিকাশ (Embryological Development)

আয়াত:

"তারপর আমি তাকে একফোঁটা শুক্রাণু হিসেবে এক সুরক্ষিত স্থানে স্থাপন করেছি। তারপর শুক্রাণু থেকে জমাট রক্তের মতো কিছু সৃষ্টি করেছি। এরপর জমাট রক্ত থেকে মাংসপিণ্ড তৈরি করেছি, তারপর মাংসপিণ্ডে হাড় তৈরি করেছি এবং হাড়কে মাংস দ্বারা আচ্ছাদিত করেছি।"

(সুরা আল-মুমিনুন, ২৩:১২-১৪)

বৈজ্ঞানিক দৃষ্টিকোণ:

কোরআনে ভ্রূণের বিকাশের যে ধাপগুলো বর্ণিত হয়েছে তা আধুনিক এমব্রিওলজির সঙ্গে অবিশ্বাস্যভাবে সঙ্গতিপূর্ণ। এই ধাপগুলো কোরআনে চমৎকারভাবে উল্লেখ করা হয়েছে, যা বিজ্ঞানীরা মাইক্রোস্কোপের সাহায্যে আধুনিক যুগে আবিষ্কার করেছেন।

পয়েন্ট ৮: আকাশে অদৃশ্য বাধা (Ozone Layer)

আয়াত:

"আমি পৃথিবীর উপর একটি নিরাপদ ছাদ বানিয়েছি, অথচ তারা তার নিদর্শনসমূহ থেকে বিমুখ হয়ে আছে।"

(সুরা আল-আম্বিয়া, ২১:৩২)

বৈজ্ঞানিক দৃষ্টিকোণ:

আকাশের "নিরাপদ ছাদ" বলতে ওজোন স্তরকে বোঝানো যেতে পারে, যা পৃথিবীকে সূর্যের ক্ষতিকারক অতিবেগুনি রশ্মি থেকে রক্ষা করে। এই গুরুত্বপূর্ণ স্তর মানুষের বেঁচে থাকার জন্য অপরিহার্য।

পয়েন্ট ৯: আয়রনের অবতরণ (Iron Sent Down)

আয়াত:

"আমি লোহা পাঠিয়েছি, যার মধ্যে প্রবল শক্তি এবং মানুষের জন্য অনেক উপকার রয়েছে।" (সুরা আল-হাদিদ, ৫৭:২৫)

বৈজ্ঞানিক দৃষ্টিকোণ:

আয়রনের উৎপত্তি পৃথিবীতে নয় বরং মহাজাগতিক সুপারনোভা বিস্ফোরণের মাধ্যমে। এটি পৃথিবীতে অবতীর্ণ হয়েছে মহাজাগতিক প্রক্রিয়ার মাধ্যমে। কোরআনের এই বর্ণনা আধুনিক মহাকাশ বিজ্ঞানের সঙ্গে সামঞ্জস্যপূর্ণ।

পয়েন্ট ১০: আঙুলের ছাপ (Fingerprints)

আয়াত:

"মানুষ কি মনে করে না যে আমি তার হাড়গুলো একত্র করতে পারব না? অবশ্যই আমি তার আঙুলের রেখাগুলোও পুনরায় তৈরি করতে সক্ষম।"
(সুরা আল-কিয়ামাহ, ৭৫: ৩-৪)

বৈজ্ঞানিক দৃষ্টিকোণ:

আঙুলের ছাপ একটি অনন্য বৈশিষ্ট্য, যা প্রত্যেক ব্যক্তির ক্ষেত্রে ভিন্ন। এটি আধুনিক ক্রিমিনোলজি ও বায়োমেট্রিক্সে ব্যবহৃত হয়। কোরআনের এই আয়াত প্রমাণ করে যে মহান আল্লাহ মানুষের আঙুলের রেখার সূক্ষ্মতাও পুনরায় তৈরি করতে সক্ষম।

পয়েন্ট ১১: পানি থেকে প্রাণের সৃষ্টি (Origin of Life in Water)

আয়াত:

"আমি জীবিত সবকিছু পানি থেকে সৃষ্টি করেছি। তারা কি তা বিশ্বাস করবে না?"
(সুরা আল- আম্বিয়া, ২১: ৩০)

বৈজ্ঞানিক দৃষ্টিকোণ:

বিজ্ঞান প্রমাণ করেছে যে সমস্ত জীবনের মূল উপাদান হলো পানি। এটি জীবকোষের অপরিহার্য উপাদান এবং প্রাণ সৃষ্টির জন্য অপরিহার্য। কোরআনের এই উক্তি আধুনিক জীববিজ্ঞানের ভিত্তির সঙ্গে গভীরভাবে সংগতিপূর্ণ।

পয়েন্ট ১২: পর্বতমালা ভূমির ভারসাম্য রক্ষা করে (Mountains as Pegs)

আয়াত:

"আমি কি পৃথিবীকে একটি শয্যার মতো বানাইনি এবং পর্বতমালাকে পেরেকের মতো স্থাপন করিনি?"

(সুরা আন-নাবা, ৭৮: ৬-৭)

বৈজ্ঞানিক দৃষ্টিকোণ:

বিজ্ঞান দেখিয়েছে যে পর্বতমালার শিকড় মাটির গভীরে বিস্তৃত থাকে, যা টেকটোনিক প্লেটের গতিবিধি নিয়ন্ত্রণ করে এবং পৃথিবীর পৃষ্ঠের ভারসাম্য রক্ষা করে। কোরআনের এই বর্ণনা আধুনিক ভূতত্ত্বের সঙ্গে মিলে যায়।

পয়েন্ট ১৩: পর্বতমালা পৃথিবীর ভারসাম্য রক্ষা করে

আয়াত:

"আমি পৃথিবীতে স্থির পর্বতমালা স্থাপন করেছি, যাতে তা তাদের নিয়ে কেঁপে না ওঠে, এবং তাতে বিস্তীর্ণ পথ তৈরি করেছি, যাতে তারা সঠিক পথে পরিচালিত হতে পারে।"

(সুরা আল-আম্বিয়া, ২১: ৩১)

বৈজ্ঞানিক দৃষ্টিকোণ:

আধুনিক বিজ্ঞান জানায়, পর্বতমালার শিকড় মাটির অনেক গভীরে বিস্তৃত থাকে এবং এগুলো টেকটোনিক প্লেটের গতিবিধি নিয়ন্ত্রণে ভূমিকা রাখে। কোরআনে বলা পর্বতমালার স্থিরতা পৃথিবীর ভারসাম্য রক্ষার দিকে ইঙ্গিত করে।

পয়েন্ট ১৪: দুই সাগরের মধ্যে বাধা

আয়াত:

"তিনি দুই সমুদ্রকে মিলিয়ে দিয়েছেন, তারা পরস্পর মিলিত হয়; কিন্তু তাদের মধ্যে রয়েছে একটি অন্তরায়, যা তারা অতিক্রম করতে পারে না।"

(সুরা আর-রহমান, ৫৫: ১৯-২০)

বৈজ্ঞানিক দৃষ্টিকোণ:

এটি আধুনিক সমুদ্র বিজ্ঞানের একটি বিস্ময়কর সত্য। দুই সাগরের পানির মধ্যে একটি বাধা থাকে, যার ফলে তারা মিশে যায় না। উদাহরণস্বরূপ, আটলান্টিক এবং ভূমধ্যসাগরের পানির পার্থক্য।

পয়েন্ট ১৫: মানব আঙুলের ছাপের অনন্যতা

আয়াত:

"মানুষ কি মনে করে যে, আমরা তার হাড় একত্রিত করতে পারব না? হ্যাঁ, আমরা তার আঙুলের অগ্রভাগ পর্যন্ত পুনর্গঠন করতে পারি।"

(সুরা আল-কিয়ামাহ, ৭৫: ৩-৪)

বৈজ্ঞানিক দৃষ্টিকোণ:

আঙুলের ছাপের বৈচিত্র্য ও অনন্যতা ১৮ শতকের শেষের দিকে আবিষ্কৃত হয়, যা প্রত্যেক ব্যক্তির জন্য সম্পূর্ণ ভিন্ন। কোরআনে এই আঙুলের অগ্রভাগ পুনর্গঠনের কথা বলা হয়েছে, যা প্রমাণ করে যে এটি গভীর বিজ্ঞানসম্মত তথ্য বহন করে।

পয়েন্ট ১৬: ভ্রূণের বিকাশের ধাপসমূহ

আয়াত:

"আমি মানুষকে মাটি থেকে সৃষ্টি করেছি, তারপর শুক্রকীটের (Nutfa) অবস্থায় রেখেছি সুরক্ষিত স্থানে। তারপর শুক্রকীটকে জমাট রক্তে (Alaq) রূপান্তর করেছি, এরপর জমাট রক্তকে মাংসপিণ্ডে (Mudgha) পরিণত করেছি এবং মাংসপিণ্ড থেকে অস্থি তৈরি করেছি, তারপর অস্থি ঢেকে দিয়েছি মাংস দিয়ে।"

(সুরা আল- মুমিনুন, ২৩:১২-১৪)

বৈজ্ঞানিক দৃষ্টিকোণ:

আধুনিক বিজ্ঞান ভ্রূণের বিকাশের এই ধাপগুলিকে পুরোপুরি সমর্থন করে। প্রথমে শুক্রাণু ডিম্বাণুর সঙ্গে মিলিত হয়ে জাইগোট তৈরি করে, এরপর ধাপে ধাপে ভ্রূণ গঠন হয়, যা কোরআনের বর্ণনার সঙ্গে মিলে যায়।

পয়েন্ট ১৭: মানব দেহে পানির ভূমিকা

আয়াত:

"আমি জীবন্ত সবকিছু পানি থেকে সৃষ্টি করেছি। তারা কি তবুও বিশ্বাস করবে না?"

(সুরা আল-আম্বিয়া, ২১:৩০)

বৈজ্ঞানিক দৃষ্টিকোণ:

মানব শরীরের প্রায় ৭০% অংশ পানি দ্বারা গঠিত। এটি কোষের কার্যক্রম, তাপমাত্রা নিয়ন্ত্রণ এবং অন্যান্য শারীরবৃত্তীয় ক্রিয়ার জন্য অপরিহার্য। কোরআন ১৪০০ বছর আগে এই বিষয়টি স্পষ্টভাবে উল্লেখ করেছে।

পয়েন্ট ১৮: মেঘের ভার এবং বৃষ্টিপাতের প্রক্রিয়া

আয়াত:

"আমি ভারী মেঘকে পাঠাই, তারপর তা দিয়ে আকাশ থেকে পানি বর্ষণ করি, যা দ্বারা আমি তোমাদের পান করাই এবং তা সংরক্ষণ করি।"

(সুরা আল-মুমিনুন, ২৩:১৮)

বৈজ্ঞানিক দৃষ্টিকোণ:

আধুনিক আবহাওয়া বিজ্ঞান মেঘের গঠন, আর্দ্রতা ধারণের ক্ষমতা এবং বৃষ্টিপাতের প্রক্রিয়াকে বোঝাতে সক্ষম হয়েছে। ভারী মেঘ বৃষ্টি ঝরানোর মাধ্যমে ভূমিকে সজীব করে তোলে, যা কোরআনে উল্লেখিত এই আয়াতের সঙ্গে পুরোপুরি মিলে যায়।

পয়েন্ট ১৯: পাহাড়ের ভূমিকা—পৃথিবীর ভারসাম্য রক্ষা

আয়াত:

"আর তিনি পৃথিবীতে স্থির পর্বত রেখেছেন, যেন তা তোমাদের নিয়ে কেঁপে না ওঠে, এবং নদী ও পথ তৈরি করেছেন, যাতে তোমরা সঠিকভাবে পথ খুঁজে পাও।"

(সুরা আন-নাহল, ১৬:১৫)

বৈজ্ঞানিক দৃষ্টিকোণ:

পাহাড়ের গভীর শিকড় টেকটোনিক প্লেট স্থিতিশীল রাখতে সহায়তা করে, যা পৃথিবীর ভূতাত্ত্বিক ভারসাম্য রক্ষা করে। আধুনিক ভূতত্ত্ব কোরআনের এই বক্তব্যের সত্যতা নিশ্চিত করে।

পয়েন্ট ২০: চাঁদের আলো প্রতিফলিত আলো

আয়াত:

"তিনি সূর্যকে তীব্র আলো এবং চাঁদকে এক উজ্জ্বলতা করেছেন এবং তার জন্য কক্ষপথ নির্ধারণ করেছেন।"

(সুরা ইউনুস, ১০:৫)

বৈজ্ঞানিক দৃষ্টিকোণ:

কোরআন স্পষ্ট করেছে যে সূর্য নিজেই একটি উজ্জ্বল আলোর উৎস, কিন্তু চাঁদ শুধুমাত্র প্রতিফলিত আলো প্রদান করে। বিজ্ঞান এই সত্যটি শতাব্দী পরে আবিষ্কার করে।

পয়েন্ট ২১: গাছপালা এবং ফলের জেনেটিক বৈচিত্র্য

আয়াত:

"আর তিনি একই ভূমি থেকে নানা জাতের ফসল, আঙ্গুর, খেজুর, শস্যক্ষেত্র, জলপাই এবং বেদানা সৃষ্টি করেছেন— তাদের স্বাদ একে অপরের থেকে ভিন্ন।"

(সুরা আন' আম, ৬:৯৯)

বৈজ্ঞানিক দৃষ্টিকোণ:

আধুনিক জীববিজ্ঞান দেখিয়েছে যে জেনেটিক বৈচিত্র্যের কারণে একই প্রজাতির গাছপালা থেকেও বিভিন্ন বৈশিষ্ট্যের ফল উৎপন্ন হয়। কোরআনে এর স্বীকৃতি আধুনিক জীববিজ্ঞানের সঙ্গে সামঞ্জস্যপূর্ণ।

পয়েন্ট ২২: বায়ুর মাধ্যমে পরাগায়ন প্রক্রিয়া

আয়াত:

"আমি বায়ু পাঠাই, যা পরাগায়নের প্রক্রিয়ায় সাহায্য করে, তারপর আমি আকাশ থেকে পানি বর্ষণ করি এবং তা দিয়ে তোমাদের পান করাই।"
(সুরা আল-হিজর, ১৫:২২)

বৈজ্ঞানিক দৃষ্টিকোণ:

আধুনিক উদ্ভিদবিজ্ঞান অনুযায়ী, বায়ু অনেক উদ্ভিদের পরাগায়ন প্রক্রিয়ায় গুরুত্বপূর্ণ ভূমিকা পালন করে। এই আয়াত বায়ুর এই বৈজ্ঞানিক কার্যকারিতাকে বহু আগেই তুলে ধরেছে।

পয়েন্ট ২৩: গভীর সাগরের অন্ধকার

আয়াত:

"অথবা তারা সমুদ্রের গভীর অন্ধকারে রয়েছে, যেখানে একের পর এক ঢেউ, তার উপর আরেক ঢেউ, তার উপর মেঘ রয়েছে। গভীর অন্ধকারে, যেখানে একজন তার নিজের হাতও দেখতে পায় না। আল্লাহ যার জন্য আলো সৃষ্টি করেননি, তার জন্য কোনো আলো নেই।" (সুরা আন-নূর, ২৪:৪০)

বৈজ্ঞানিক দৃষ্টিকোণ:

বিজ্ঞান দেখিয়েছে যে গভীর সমুদ্রে সূর্যের আলো প্রবেশ করতে পারে না এবং একাধিক স্তরের কারণে সম্পূর্ণ অন্ধকার বিরাজ করে। কোরআন এই বৈজ্ঞানিক সত্য বহু আগে থেকেই জানিয়ে দিয়েছে।

পয়েন্ট ২৪: আকাশকে সুরক্ষার ঢাল হিসেবে সৃষ্টি

আয়াত:

"আমি আকাশকে রক্ষা-কবচ করেছি, অথচ তারা এর নিদর্শনগুলো থেকে মুখ ফিরিয়ে রাখে।" -(সুরা আম্বিয়া, ২১:৩২)

বৈজ্ঞানিক দৃষ্টিকোণ:

আকাশমণ্ডলের ওজোন স্তর সূর্যের ক্ষতিকর রশ্মি এবং মহাজাগতিক বিকিরণ থেকে পৃথিবীকে সুরক্ষিত রাখে। এই সুরক্ষা কবচের বর্ণনা বিজ্ঞানসম্মত এবং কোরআনের বক্তব্যের সঙ্গে পুরোপুরি মিলে যায়।

পয়েন্ট ২৫: প্রতিটি জীবের জোড়ায় সৃষ্টির ধারণা

আয়াত:
"আর আমি সবকিছু জোড়ায় জোড়ায় সৃষ্টি করেছি, যাতে তোমরা চিন্তা করতে পারো।" (সুরা আয-জারিয়াত, ৫১:৪৯)

বৈজ্ঞানিক দৃষ্টিকোণ:

বিজ্ঞান আবিষ্কার করেছে যে জীবিত প্রাণীদের মধ্যে অনেক ক্ষেত্রে জোড়া (পুরুষ ও স্ত্রী) সৃষ্টি করা হয়েছে। উদ্ভিদবিজ্ঞানেও দেখা যায় যে গাছপালার অনেক প্রজাতির পুরুষ ও স্ত্রী অঙ্গ বিদ্যমান। এমনকি পদার্থবিজ্ঞানে বলা হয় যে ইলেকট্রন-প্রোটনের মতো কণাগুলিও বিপরীত জোড়ায় থাকে।

পয়েন্ট ২৬: আকাশে সুনির্দিষ্ট কক্ষপথ

আয়াত:
"তিনি রাত এবং দিনকে ঢেকে রাখেন এবং সূর্য ও চন্দ্রকে নিজের নিজের কক্ষপথে চলমান রেখেছেন।" (সুরা আম্বিয়া, ২১:৩৩)

বৈজ্ঞানিক দৃষ্টিকোণ:

আধুনিক জ্যোতির্বিজ্ঞান দেখিয়েছে যে সূর্য, চাঁদ এবং অন্যান্য গ্রহ-উপগ্রহ সুনির্দিষ্ট কক্ষপথে অবস্থান করে এবং সেই কক্ষপথে নিয়মিত চলাচল করে। কোরআনের এই বক্তব্য বিজ্ঞান দ্বারা পুরোপুরি সমর্থিত।

পয়েন্ট ২৭: ভূমির পানি চক্র

আয়াত:
"আমি আকাশ থেকে পরিমিত পরিমাণে পানি বর্ষণ করি এবং তা জমিতে স্থাপন করি; এবং অবশ্যই আমি তা বিলীন করে দিতে পারি।"

(সুরা মুমিনুন, ২৩:১৮)

বৈজ্ঞানিক দৃষ্টিকোণ:

পানি চক্রের ধারণা আজ আধুনিক বিজ্ঞান দ্বারা স্বীকৃত। বাষ্পীভবন, ঘনীভবন, এবং বৃষ্টি পৃথিবীর জল চক্রের মূল অংশ। কোরআনে এই প্রক্রিয়া নিয়ে যে বর্ণনা করা হয়েছে তা বিজ্ঞানসম্মত এবং অত্যন্ত নির্ভুল।

পয়েন্ট ২৮: মধুর নিরাময় ক্ষমতা

আয়াত:

"আর তোমার পালনকর্তা মৌমাছিকে নির্দেশ দিয়েছেন— পাহাড়ে, গাছে এবং তারা যা বানায়, তার মধ্যে ঘর তৈরি করো। তারপর প্রত্যেক প্রকার ফল থেকে আহার করো এবং তোমার প্রভুর দেখানো পথে চলো। তাদের পেট থেকে বের হয় বিভিন্ন রঙের পানীয়, যাতে মানুষের জন্য রয়েছে আরোগ্য।"

(সুরা আন-নাহল, ১৬:৬৮-৬৯)

বৈজ্ঞানিক দৃষ্টিকোণ:

মধুতে অ্যান্টিসেপ্টিক এবং অ্যান্টিব্যাকটেরিয়াল গুণ রয়েছে, যা সংক্রমণ প্রতিরোধে সহায়ক। এটি একটি প্রাকৃতিক চিকিৎসা উপাদান হিসেবে প্রাচীনকাল থেকে ব্যবহৃত হয়ে আসছে এবং আধুনিক বিজ্ঞান এর নিরাময় ক্ষমতা স্বীকৃত করেছে।

পয়েন্ট ২৯: পৃথিবীর সম্প্রসারণ

আয়াত:

"আর আমি ভূমিকে সম্প্রসারণ করেছি এবং তাতে স্থির পর্বতমালা স্থাপন করেছি এবং তাতে প্রতিটি বস্তু সুশৃঙ্খলভাবে উৎপন্ন করেছি।"

(সুরা ক্বাফ, ৫০:৭)

বৈজ্ঞানিক দৃষ্টিকোণ:

ভূতত্ত্ব বলছে, টেকটোনিক প্লেট মুভমেন্টের কারণে পৃথিবী ধীরে ধীরে পরিবর্তিত এবং প্রসারিত হচ্ছে। কোরআনের এই বক্তব্য আধুনিক ভূবিজ্ঞানের সঙ্গে সামঞ্জস্যপূর্ণ।

পয়েন্ট ৩০: পানি থেকে জীবনের উৎপত্তি

আয়াত:

"আর আমি জীবন্ত সবকিছু পানি থেকে সৃষ্টি করেছি। তারা কি তবুও বিশ্বাস করবে না?"

(সুরা আল-আম্বিয়া, ২১:৩০)

বৈজ্ঞানিক দৃষ্টিকোণ:

জীববিজ্ঞানে জানা গেছে, পৃথিবীতে জীবনের উদ্ভবের মূল উপাদান হলো পানি। কোষের কার্যকারিতা এবং প্রাণ ধারণের জন্য পানি অপরিহার্য। বিজ্ঞান এই সত্যটিকে স্বীকৃতি দিয়েছে, যা কোরআনে ১৪০০ বছর আগে বলা হয়েছে।

পয়েন্ট ৩১: বাতাসের ওজন এবং চাপ

কুরআনের নির্দেশনা:
"আল্লাহ্ সেই সত্তা যিনি বাতাস পাঠান, অতঃপর তা মেঘমালা সঞ্চয় করে এবং আমি তা মৃত ভূখণ্ডের দিকে পরিচালিত করি; তারপর আমি তা দ্বারা জমি জীবন্ত করে তুলি..."
(সূরা আল-আরাফ: ৭:৫৭)

বৈজ্ঞানিক দৃষ্টিকোণ:
বিজ্ঞান প্রমাণ করেছে যে বাতাসের ঘনত্ব এবং চাপে পার্থক্য তৈরি হয়, যা আবহাওয়া এবং বৃষ্টিপাতের কারণ হয়। বাতাসে জলীয় বাষ্প ও অন্যান্য উপাদান থাকার কারণে এর ওজন ও চাপ রয়েছে। এই চাপ এবং এর পরিবর্তনের মাধ্যমেই আবহাওয়া পরিবর্তন ঘটে।

পয়েন্ট ৩২: বৃষ্টির পরিমাণের নির্ধারিত হিসাব

কুরআনের নির্দেশনা:

" আর আমি আকাশ থেকে নির্ধারিত পরিমাণে পানি বর্ষণ করি এবং তা জমিনে স্থাপন করি।"

(সূরা মুমিনুন: ২৩:১৮)

বৈজ্ঞানিক দৃষ্টিকোণ:
আধুনিক বিজ্ঞান অনুসারে, বৃষ্টির চক্র একটি নির্ধারিত প্রক্রিয়া এবং পরিমাণে ঘটে।

প্রতি বছর নির্দিষ্ট পরিমাণ পানি মেঘ থেকে বৃষ্টি হয়ে ভূমিতে পড়ে এবং তা বাষ্পীভূত হয়ে আবার চক্রে ফিরে আসে।

পয়েন্ট ৩৩: পাহাড়ের ভারসাম্যের ভূমিকা

কুরআনের নির্দেশনা:

"আর আমি পৃথিবীতে স্থাপন করেছি স্থির পর্বত, যাতে তা তাদের নিয়ে কেঁপে না ওঠে।"

(সূরা লুকমান: ৩১:১০)

বৈজ্ঞানিক দৃষ্টিকোণ:

পাহাড়ের গভীরে শিকড়ের মতো অংশ থাকে, যা পৃথিবীর ভূত্বকের ভারসাম্য বজায় রাখতে সাহায্য করে। ভূতাত্ত্বিক গবেষণায় প্রমাণিত হয়েছে যে পাহাড়ের এ ধরনের ভূমিকা রয়েছে, যা কুরআনে বহু আগেই উল্লেখ করা হয়েছে।

পয়েন্ট ৩৪: মহাকাশের সংকীর্ণ পথ

কুরআনের নির্দেশনা:

"তিনিই আকাশমণ্ডল ও পৃথিবী ছয় দিনে সৃষ্টি করেছেন, এরপর তিনি আরশে সমাসীন হয়েছেন। তিনি জানেন যা জমিনে প্রবেশ করে এবং যা তা থেকে নির্গত হয়, যা আকাশ থেকে অবতীর্ণ হয় এবং যা তা থেকে উত্থিত হয়।"

(সূরা হাদিদ: ৫৭:৪)

বৈজ্ঞানিক দৃষ্টিকোণ:

আধুনিক মহাকাশবিজ্ঞান বলছে যে মহাকাশে সঙ্কীর্ণ এবং নির্ধারিত পথ রয়েছে, যা দিয়ে বস্তুসমূহ নির্ধারিত গতিতে চলাফেরা করে।

পয়েন্ট ৩৫: মানুষের সুরক্ষার জন্য আকাশের প্রহরা

কুরআনের নির্দেশনা:

"আর আমি আকাশকে করেছি সুরক্ষিত ছাদস্বরূপ এবং তারা এর নিদর্শন থেকে মুখ ফিরিয়ে রাখে।"

(সূরা আম্বিয়া: ২১:৩২)

বৈজ্ঞানিক দৃষ্টিকোণ:
ওজোন স্তরসহ আকাশের বিভিন্ন প্রাকৃতিক সুরক্ষা ব্যবস্থা পৃথিবীকে অতিবেগুনী রশ্মি ও অন্যান্য মহাজাগতিক ক্ষতিকারক উপাদান থেকে রক্ষা করে।

পয়েন্ট ৩৬: সমুদ্রের গভীর অন্ধকার

কুরআনের নির্দেশনা:
"অথবা তাদের অবস্থা অন্ধকার সমুদ্রে এক তরঙ্গ ঢেকে দেয় অন্য তরঙ্গ, এর ওপরে থাকে মেঘ। অন্ধকারের ওপরে অন্ধকার।"
(সূরা নূর: ২৪:৪০)

বৈজ্ঞানিক দৃষ্টিকোণ:
বিজ্ঞান প্রমাণ করেছে যে গভীর সমুদ্রে সূর্যের আলো প্রবেশ করতে পারে না, ফলে সেখানে চরম অন্ধকার বিরাজ করে।

পয়েন্ট ৩৭: জলচক্র এবং নদীর প্রবাহ

কুরআনের নির্দেশনা:
"তুমি কি দেখ না, আল্লাহ আকাশ থেকে পানি বর্ষণ করেন, এরপর তা দিয়ে আমি ফল-ফলাদি বের করি, যা বিভিন্ন রঙের।"
(সূরা ফাতির: ৩৫:২৭)

বৈজ্ঞানিক দৃষ্টিকোণ:
বৃষ্টি, জলাধার, নদী এবং সমুদ্রের মাধ্যমে পানি চক্রাকারে পৃথিবীতে প্রবাহিত হয়। কুরআন এই প্রাকৃতিক প্রক্রিয়া নিয়ে বহু আগে ইঙ্গিত দিয়েছে।

পয়েন্ট ৩৮: প্রাণীর উৎপত্তি পানির মাধ্যমে

কুরআনের নির্দেশনা:
"আর আমি জীবিত সবকিছু সৃষ্টি করেছি পানি থেকে।"
(সূরা আম্বিয়া: ২১:৩০)

বৈজ্ঞানিক দৃষ্টিকোণ:
বিজ্ঞান জানায়, প্রাণের প্রথম সৃষ্টির উৎস পানি। এটি প্রমাণিত যে জীববিজ্ঞানের প্রতিটি সৃষ্টিই পানি নির্ভর।

পয়েন্ট ৩৯: বায়ুমণ্ডলের স্তরবিন্যাস

কুরআনের নির্দেশনা:
"তিনি সাত আসমান সৃষ্টি করেছেন স্তরে স্তরে। তুমি দয়াময়ের সৃষ্টি কর্মে কোনো ত্রুটি পাবে না।"

(সূরা মুলক: ৬৭: ৩)

বৈজ্ঞানিক দৃষ্টিকোণ:
আধুনিক বিজ্ঞান দেখিয়েছে যে বায়ুমণ্ডল বিভিন্ন স্তরে বিভক্ত, প্রতিটি স্তর বিভিন্ন কার্যক্রমের জন্য নির্ধারিত।

পয়েন্ট ৪০: সৌরজগতের কক্ষপথ

কুরআনের নির্দেশনা:
"সূর্য তার নির্ধারিত স্থানে চলে। এটি পরাক্রমশালী জ্ঞানীর নির্ধারণ।"

(সূরা ইয়াসিন: ৩৬: ৩৮)

বৈজ্ঞানিক দৃষ্টিকোণ:
আধুনিক জ্যোতির্বিজ্ঞানে প্রমাণিত হয়েছে যে সৌরজগতের সব গ্রহ এবং নক্ষত্র নির্ধারিত কক্ষপথে ঘোরে।

পয়েন্ট ৪১: পাহাড়ের ভূমিকম্প রোধের ক্ষমতা

কুরআনের নির্দেশনা:
"আর আমি পৃথিবীতে স্থাপন করেছি স্থির পর্বত, যেন তা তোমাদের নিয়ে কেঁপে না ওঠে।"

(সূরা আম্বিয়া: ২১: ৩১)

বৈজ্ঞানিক দৃষ্টিকোণ:
পাহাড়ের ভূত্বকীয় শিকড়ের মতো অংশ পৃথিবীর ক্রাস্টকে স্থিতিশীল রাখে এবং প্লেট টেকটোনিক গতিবিধি নিয়ন্ত্রণে ভূমিকা পালন করে। এটি ভূতাত্ত্বিক গবেষণায় প্রমাণিত।

পয়েন্ট ৪২: সূর্যের চূড়ান্ত অবস্থান

কুরআনের নির্দেশনা:

"সূর্য তার নির্ধারিত স্থানে চলে। এটি পরাক্রমশালী, জ্ঞানী আল্লাহর নির্ধারণ।"
(সূরা ইয়াসিন: ৩৬: ৩৮)

বৈজ্ঞানিক দৃষ্টিকোণ:

আধুনিক বিজ্ঞান প্রমাণ করেছে যে সূর্য একটি নির্দিষ্ট গতিপথে ছায়াপথের কেন্দ্রের চারপাশে ঘুরছে। বিজ্ঞানীরা এই গতিপথকে "সোলার অ্যাপেক্স" বলেন।

পয়েন্ট ৪৩: পৃথিবীর গোলাকার আকৃতি

কুরআনের নির্দেশনা:

"তিনি দিনকে রাতের মধ্যে প্রবেশ করান এবং রাতকে দিনের মধ্যে প্রবেশ করান।"
(সূরা আয-যুমার: ৩৯: ৫)

বৈজ্ঞানিক দৃষ্টিকোণ:

এই ক্রমাগত দিনের ও রাতের পরিবর্তন পৃথিবীর গোলাকার আকৃতির কারণেই সম্ভব। এটি প্রমাণ করে যে কুরআন পৃথিবীর আকৃতি সম্পর্কে বহু আগে অবহিত করেছে।

পয়েন্ট ৪৪: পৃথিবীর নিজ অক্ষে ঘূর্ণন

কুরআনের নির্দেশনা:

"আর তিনিই রাত ও দিনকে একে অপরের পেছনে চলমান করেছেন..."
(সূরা ফুরকান: ২৫: ৬২)

বৈজ্ঞানিক দৃষ্টিকোণ:

পৃথিবীর নিজ অক্ষে ঘূর্ণনের ফলে দিন ও রাতের সৃষ্টি হয়। বিজ্ঞান বহু বছর পর এটি আবিষ্কার করেছে, যা কুরআনে পূর্বেই উল্লেখিত।

পয়েন্ট ৪৫: বায়ুমণ্ডলে অক্সিজেনের অভাব উচ্চতায়

কুরআনের নির্দেশনা:

"যাকে আল্লাহ পথপ্রদর্শন করতে চান, তিনি তার বক্ষ ইসলাম গ্রহণের জন্য উন্মুক্ত করে দেন; আর যাকে পথভ্রষ্ট করতে চান, তিনি তার বক্ষ সংকুচিত করে দেন, যেন সে আকাশে আরোহণ করছে।"

(সূরা আল-আন'আম: ৬: ১২৫)

বৈজ্ঞানিক দৃষ্টিকোণ:
উচ্চতায় অক্সিজেনের অভাবে শ্বাস-প্রশ্বাস কষ্টকর হয়ে পড়ে। কুরআনের এই বক্তব্য আধুনিক বিমানবিজ্ঞান ও চিকিৎসা বিজ্ঞান দ্বারা প্রমাণিত।

পয়েন্ট ৪৬: পরিমিতি এবং পরিমাপের সঠিকতা

কুরআনের নির্দেশনা:
"আর তিনি আকাশকে উত্তোলিত করেছেন এবং উত্তমভাবে নির্ধারণ করেছেন পরিমাপ।"

(সূরা আর-রহমান: ৫৫:৭)

বৈজ্ঞানিক দৃষ্টিকোণ:
বিজ্ঞান বলে যে মহাবিশ্বে সবকিছুর মধ্যে সুনির্দিষ্ট পরিমাপ রয়েছে। গ্রহ, নক্ষত্র এবং গ্যালাক্সি—সবই তাদের নির্ধারিত স্থানে ভারসাম্য বজায় রেখে ঘুরছে।

পয়েন্ট ৪৭: আকাশের সম্প্রসারণ

কুরআনের নির্দেশনা:
"আমি নিজেই আকাশমণ্ডল সৃষ্টি করেছি এবং আমি অবশ্যই তা সম্প্রসারণ করছি।"

(সূরা আয-যারিয়াত: ৫১:৪৭)

বৈজ্ঞানিক দৃষ্টিকোণ:
মহাবিশ্ব সম্প্রসারিত হচ্ছে—এই তথ্য আধুনিক বিজ্ঞান মাত্র ২০শ শতাব্দীতে আবিষ্কার করেছে, যা কুরআনে বহু আগে উল্লেখিত।

পয়েন্ট ৪৮: উজ্জ্বল নক্ষত্রের ভূমিকা

কুরআনের নির্দেশনা:

"আমি নিকটতম আকাশকে প্রদীপ দিয়ে সজ্জিত করেছি।"

(সূরা মুলক: ৬৭:৫)

বৈজ্ঞানিক দৃষ্টিকোণ:
আধুনিক জ্যোতির্বিজ্ঞান প্রমাণ করেছে যে নক্ষত্রসমূহ আকাশে আলো প্রদান করে। এগুলো মহাকাশের বিভিন্ন কার্যক্রমে গুরুত্বপূর্ণ ভূমিকা পালন করে।

পয়েন্ট ৪৯: প্রাণীজগতে কর্মক্ষেত্রের বিভাজন

কুরআনের নির্দেশনা:
"আর আপনার পালনকর্তার প্রতি পূর্ণ আস্থা রাখুন। তিনিই আপনাকে সাহায্য করবেন এবং আপনার জীবিকার ব্যবস্থা করবেন।"
(সূরা আনকাবূত: ২৯: ৬০)

বৈজ্ঞানিক দৃষ্টিকোণ:
প্রাণীজগতে কর্মবন্টন বা জীবিকার জন্য বিভিন্ন ভূমিকা দেখা যায়। পিঁপড়া, মৌমাছি এবং অন্যান্য প্রাণীরা তাদের দায়িত্ব পালনে দৃঢ় ভূমিকা রাখে।

পয়েন্ট ৫০: জ লবায়ুর পরিবর্তন এবং তাপমাত্রা ভারসাম্য

কুরআনের নির্দেশনা:
"আর আল্লাহ রাত ও দিনকে একে অপরের মধ্যে পরিবর্তন করেন। এতে অবশ্যই চিন্তাশীল লোকদের জন্য শিক্ষা রয়েছে।"

(সূরা আন- নূর: ২৪: ৪৪)

বৈজ্ঞানিক দৃষ্টিকোণ:
দিন-রাতের পরিবর্তন এবং আবহাওয়ার পরিবর্তনের পেছনে মহাজাগতিক অবস্থান এবং তাপমাত্রার ভারসাম্য কাজ করে। এটি প্রকৃতির একটি বিশুদ্ধ বিজ্ঞান।

পয়েন্ট ৫১: প্রতিটি জীবের জোড়ায় সৃষ্টি

কুরআনের নির্দেশনা:
"আর আমরা সবকিছুকে জোড়ায় সৃষ্টি করেছি, যাতে তোমরা উপলব্ধি করতে পারো।"

(সূরা আয- যারিয়াত: ৫১: ৪৯)

বৈজ্ঞানিক দৃষ্টিকোণ:
আধুনিক জীববিজ্ঞান প্রমাণ করেছে যে প্রতিটি জীবের জন্য জোড়ার উপস্থিতি অপরিহার্য—যেমন, স্ত্রী এবং পুরুষ, বা পোলারিটি (ইলেকট্রন-প্রোটন)। কুরআনে এই বৈজ্ঞানিক তথ্য বহু আগেই উল্লেখিত।

পয়েন্ট ৫২: মানুষের চেহারার বৈচিত্র্য

কুরআনের নির্দেশনা:

"আর তার নিদর্শনাবলির মধ্যে রয়েছে আকাশমণ্ডলী ও পৃথিবীর সৃষ্টি এবং তোমাদের ভাষা ও রঙের বৈচিত্র্য।"

(সূরা আর-রূম: ৩০: ২২)

বৈজ্ঞানিক দৃষ্টিকোণ:

আধুনিক জিনতত্ত্ব এবং বংশগতি বিজ্ঞান বলছে, মানুষের চেহারা ও গায়ের রঙ জিনগত বৈচিত্র্যের কারণে হয়। এটি মানবজাতির বৈচিত্র্য বোঝায়, যা কুরআনে উল্লেখিত।

পয়েন্ট ৫৩: আলোকরশ্মির গতি

কুরআনের নির্দেশনা:

"তারা ফেরেশতাদের প্রতি নির্দেশ পালন করে এবং তারা একদিনে সে পথ অতিক্রম করে, যা তোমাদের হিসাবে পঞ্চাশ হাজার বছরের সমান।"

(সূরা মাআরিজ: ৭০: ৪)

বৈজ্ঞানিক দৃষ্টিকোণ:

আধুনিক বিজ্ঞান প্রমাণ করেছে যে আলোর গতি এবং মহাজাগতিক সময় আপেক্ষিক। এটি কুরআনের আয়াতের সঙ্গে বিজ্ঞানসম্মতভাবে মিলে যায়।

পয়েন্ট ৫৪: মহাজাগতিক বাধাহীন সঞ্চালন

কুরআনের নির্দেশনা:

"তিনিই (আল্লাহ) আকাশ থেকে পানি বর্ষণ করেন এবং তার মাধ্যমে তোমাদের জীবিকা প্রদান করেন, তোমাদের জন্য নদী প্রবাহিত করেন।"

(সূরা ইব্রাহিম: ১৪: ৩২)

বৈজ্ঞানিক দৃষ্টিকোণ:

বৃষ্টি, নদী এবং জলচক্র পৃথিবীতে পানির বাধাহীন সঞ্চালন নিশ্চিত করে। এই প্রাকৃতিক প্রক্রিয়া বিজ্ঞান দ্বারা ব্যাখ্যাত।

পয়েন্ট ৫৫: স্তরে স্তরে গঠিত আকাশ

কুরআনের নির্দেশনা:

"তিনিই তোমাদের জন্য সাতটি আকাশ স্তরে স্তরে সৃষ্টি করেছেন।"

(সূরা নূহ: ৭১:১৫)

বৈজ্ঞানিক দৃষ্টিকোণ:

আধুনিক বিজ্ঞান বলছে, পৃথিবীর বায়ুমণ্ডল বিভিন্ন স্তরে বিভক্ত—ট্রোপোস্ফিয়ার, স্ট্রাটোস্ফিয়ার, মেসোস্ফিয়ার ইত্যাদি। এটি কুরআনে বর্ণিত স্তরের ধারণার সঙ্গে মিলে যায়।

পয়েন্ট ৫৬: পানির জীবনে উত্স

কুরআনের নির্দেশনা:

"আমি প্রাণীজগতকে পানি থেকে সৃষ্টি করেছি।"

(সূরা আম্বিয়া: ২১: ৩০)

বৈজ্ঞানিক দৃষ্টিকোণ:

বিজ্ঞান প্রমাণ করেছে যে পানি জীবনের প্রধান উপাদান। মানবদেহের ৭০% পানি, এবং প্রাণের অস্তিত্ব টিকে থাকার জন্য পানি অপরিহার্য।

পয়েন্ট ৫৭: ভূমি থেকে জীবিকা প্রাপ্তি

কুরআনের নির্দেশনা:

"আর আমরা এতে জীবিকার ব্যবস্থা করেছি তোমাদের জন্য এবং যাদের জন্য তোমরা জীবিকা যোগাও।"

(সূরা হিজর: ১৫: ২০)

বৈজ্ঞানিক দৃষ্টিকোণ:

পৃথিবীর ভূমি, মাটি এবং কৃষিক্ষেত্র জীবিকার মূল উৎস। এটি কুরআনের বার্তার সঙ্গে সামঞ্জস্যপূর্ণ।

পয়েন্ট ৫৮: শুক্রাণু থেকে মানব সৃষ্টির সূচনা

কুরআনের নির্দেশনা:
"অতঃপর তিনি তাকে শক্তস্থানে বিন্যস্ত করেছেন।"
(সূরা মুমিনুন: ২৩:১৩)

বৈজ্ঞানিক দৃষ্টিকোণ:
আধুনিক বিজ্ঞান বলছে, মানব শরীরের বিকাশ একক কোষ (জাইগোট) থেকে শুরু হয়, যা নারীর গর্ভে সুরক্ষিত পরিবেশে বৃদ্ধি পায়।

পয়েন্ট ৫৯: পাহাড়ের ভূমিকা পানির উৎস হিসেবে

কুরআনের নির্দেশনা:
"আর আমরা পাহাড় থেকে পানি প্রবাহিত করেছি।"

(সূরা আল- মুরসালাত: ৭৭:২৭)

বৈজ্ঞানিক দৃষ্টিকোণ:
পাহাড়ে জমে থাকা বরফ গলে গিয়ে নদীর উৎস হয়। আধুনিক জলবিজ্ঞান এই বিষয়টি প্রতিষ্ঠিত করেছে।

পয়েন্ট ৬০: বায়ুমণ্ডলের সুরক্ষা ভূমিকা

কুরআনের নির্দেশনা:

"আমি আকাশকে সংরক্ষিত ছাদ বানিয়েছি।"
(সূরা আম্বিয়া: ২১: ৩২)

বৈজ্ঞানিক দৃষ্টিকোণ:
বায়ুমণ্ডল পৃথিবীকে ক্ষতিকর বিকিরণ, উল্কা এবং মহাজাগতিক ঝড় থেকে রক্ষা করে। এটি কুরআনে পূর্বেই বর্ণিত।

পয়েন্ট ৬১: মধুর নিরাময় গুণ

কুরআনের নির্দেশনা:

"এগুলোর পেট থেকে বিভিন্ন রঙের পানীয় বের হয়। এতে মানুষের জন্য রয়েছে আরোগ্য।"

(সূরা নাহল: ১৬: ৬৯)

বৈজ্ঞানিক দৃষ্টিকোণ:
মধুতে প্রাকৃতিক অ্যান্টি-ব্যাকটেরিয়াল এবং অ্যান্টি-ইনফ্ল্যামেটরি উপাদান রয়েছে, যা বিভিন্ন রোগ নিরাময়ে সাহায্য করে। চিকিৎসা বিজ্ঞানে এর গুরুত্ব এখন ব্যাপকভাবে স্বীকৃত।

পয়েন্ট ৬২: সমুদ্রের গভীরতা এবং অন্ধকার

কুরআনের নির্দেশনা:
"বা (তাদের উদাহরণ হলো) গভীর সমুদ্রের অন্ধকার, যা ঢেউয়ের দ্বারা আচ্ছাদিত, তার ওপরে আবার ঢেউ, তার ওপরে মেঘ।"
(সূরা আন-নূর: ২৪:৪০)

বৈজ্ঞানিক দৃষ্টিকোণ:
সমুদ্রের গভীরে সূর্যের আলো প্রবেশ করতে পারে না। আধুনিক গবেষণায় সমুদ্রের স্তরে স্তরে অন্ধকার থাকার বিষয়টি প্রমাণিত।

পয়েন্ট ৬৩: ঘুমকে বিশ্রামস্বরূপ সৃষ্টি

কুরআনের নির্দেশনা:
"আর তোমাদের ঘুমকে করেছি বিশ্রামস্বরূপ।"
(সূরা আন-নাবা: ৭৮:৯)

বৈজ্ঞানিক দৃষ্টিকোণ:
ঘুম মানুষের শরীর ও মস্তিষ্কের পুনরুজ্জীবন ঘটায়। এটি ক্লান্তি দূর করে এবং শারীরবৃত্তীয় কার্যক্রমের ভারসাম্য বজায় রাখে।

পয়েন্ট ৬৪: বাতাসের দ্বারা পরাগায়ন

কুরআনের নির্দেশনা:
"আর আমরা বাতাসকে পরাগায়নকারী হিসেবে প্রেরণ করি।"
(সূরা আল-হিজর: ১৫:২২)

বৈজ্ঞানিক দৃষ্টিকোণ:
বাতাসের মাধ্যমে গাছের ফুলে পরাগায়ন ঘটে, যা ফল উৎপাদনের জন্য অত্যন্ত গুরুত্বপূর্ণ। এটি কুরআনে বহু আগে থেকেই উল্লেখিত।

পয়েন্ট ৬৫: আঙুরের পুষ্টিগুণ

কুরআনের নির্দেশনা: *"আর আমি তোমাদের জন্য চাষ করি খেজুর ও আঙুর।"*

(সূরা আল- মুমিনুন: ২৩: ১৯)

বৈজ্ঞানিক দৃষ্টিকোণ:

আঙুরে রয়েছে শক্তিশালী অ্যান্টিঅক্সিডেন্ট, যা হৃদরোগ প্রতিরোধ ও কোষ রক্ষা করতে সাহায্য করে। এটি আধুনিক খাদ্য বিজ্ঞানের একটি গুরুত্বপূর্ণ আবিষ্কার।

পয়েন্ট ৬৬: সূর্য ও চাঁদের নির্ধারিত কক্ষপথ

কুরআনের নির্দেশনা:
"আর সূর্য তার নির্ধারিত স্থানে চলে; এটি পরাক্রমশালী, সর্বজ্ঞের নির্ধারণ। এবং চাঁদের জন্য আমরা মনোনীত করেছি নির্ধারিত স্তর।"

(সূরা ইয়াসিন: ৩৬: ৩৮- ৩৯)

বৈজ্ঞানিক দৃষ্টিকোণ:
আধুনিক জ্যোতির্বিজ্ঞান বলছে, সূর্য এবং চাঁদ তাদের নির্ধারিত কক্ষপথে আবর্তন করছে। কুরআনের এই নির্দেশনার সঙ্গে এটি হুবহু মিলে যায়।

পয়েন্ট ৬৭: লোহা প্রেরণ

কুরআনের নির্দেশনা:

"আর আমি লোহা প্রেরণ করেছি, যাতে রয়েছে প্রচণ্ড শক্তি এবং মানুষের জন্য অনেক উপকার।"

(সূরা হাদিদ: ৫৭: ২৫)

বৈজ্ঞানিক দৃষ্টিকোণ:
বিজ্ঞান প্রমাণ করেছে যে লোহা পৃথিবীতে স্বাভাবিকভাবে গঠিত নয়; এটি মহাজাগতিক ঘটনা (সুপারনোভা বিস্ফোরণ) থেকে এসেছে। এটি কুরআনের নির্দেশনার সঙ্গে সামঞ্জস্যপূর্ণ।

পয়েন্ট ৬৮: ভ্রূণের পর্যায়ক্রমিক বিকাশ

কুরআনের নির্দেশনা:

"তিনিই তোমাদের সৃষ্টি করেছেন মাটির থেকে, এরপর শুক্রবিন্দু থেকে, তারপর জমাট রক্ত থেকে, তারপর দেহসৃষ্টি করেছেন।"

(সূরা আল-মুমিনুন: ২৩:১২-১৪)

বৈজ্ঞানিক দৃষ্টিকোণ:
আধুনিক এমব্রায়োলজি প্রমাণ করেছে যে মানব ভ্রূণ নির্ধারিত ধাপে ধাপে বিকাশ লাভ করে। এটি কুরআনের বিবরণে প্রতিফলিত হয়েছে।

পয়েন্ট ৬৯: ভূমি ও পাহাড়ের ভারসাম্য রক্ষা

কুরআনের নির্দেশনা:
"তিনিই পৃথিবীতে স্থির পাহাড় স্থাপন করেছেন, যাতে এটি তোমাদের নিয়ে দুলতে না পারে।"

(সূরা লুকমান: ৩১:১০)

বৈজ্ঞানিক দৃষ্টিকোণ:
আধুনিক ভূতত্ত্ব বলছে, পাহাড় টেকটোনিক প্লেটগুলোর ভারসাম্য রক্ষায় গুরুত্বপূর্ণ ভূমিকা পালন করে। এটি কুরআনে বহু আগে থেকে বলা হয়েছে।

পয়েন্ট ৭০: চাঁদের আলোর প্রতিফলন

কুরআনের নির্দেশনা:

"ধন্য সেই সত্তা, যিনি আকাশে নক্ষত্ররাজি স্থাপন করেছেন এবং এতে স্থাপন করেছেন প্রদীপ (সূর্য) এবং আলোপ্রদ চাঁদ।"

(সূরা আল-ফুরকান: ২৫:৬১)

বৈজ্ঞানিক দৃষ্টিকোণ:
বিজ্ঞান প্রমাণ করেছে যে চাঁদের আলো আসলে সূর্যের আলোর প্রতিফলন। এটি কুরআনে উল্লেখিত নির্দেশনার সঙ্গে সামঞ্জস্যপূর্ণ।

পয়েন্ট ৭১: মিষ্টি ও লবণাক্ত পানির মিশ্রণ হয় না

কুরআনের নির্দেশনা:
"তিনি দুই সমুদ্রকে প্রবাহিত করেছেন, তারা মিলিত হয়। তাদের মধ্যে রয়েছে একটি

অন্তরায়, যা তারা অতিক্রম করে না।"

(সূরা আর-রহমান: ৫৫:১৯-২০)

বৈজ্ঞানিক দৃষ্টিকোণ:
বিজ্ঞান প্রমাণ করেছে যে মিষ্টি ও লবণাক্ত পানি একটি নির্দিষ্ট সীমা পর্যন্ত একে অপরের সঙ্গে মেশে না। এটি সমুদ্রবিদ্যার একটি প্রমাণিত বিষয়।

পয়েন্ট ৭২: পৃথিবীর আকৃতি গোলাকার

কুরআনের নির্দেশনা:

"তিনি রাত্রিকে দিন দ্বারা আচ্ছাদিত করেন এবং দিনকে রাত্রি দ্বারা।"
(সূরা আয-যুমার: ৩৯:৫)

বৈজ্ঞানিক দৃষ্টিকোণ:
এখানে "আচ্ছাদিত" শব্দটি পৃথিবীর গোলাকার আকৃতির প্রতি ইঙ্গিত করে। এটি আধুনিক জ্যোতির্বিজ্ঞান দ্বারা নিশ্চিত হয়েছে।

পয়েন্ট ৭৩: গাছপালার পুরুষ ও স্ত্রী বিভাজন

কুরআনের নির্দেশনা:

"আর তিনিই মাটি থেকে চাষযোগ্য ক্ষেত্র ও গাছপালা সৃষ্টি করেছেন, প্রতিটির রয়েছে জোড়া।"

(সূরা আর-রাদ: ১৩:৩)

বৈজ্ঞানিক দৃষ্টিকোণ:
গবেষণায় প্রমাণিত হয়েছে যে উদ্ভিদেরও পুরুষ ও স্ত্রী বৈশিষ্ট্য রয়েছে, যা পরাগায়নের মাধ্যমে প্রজনন করে।

পয়েন্ট ৭৪: বায়ুপ্রবাহ ও বৃষ্টি সৃষ্টির প্রক্রিয়া

কুরআনের নির্দেশনা:
"আল্লাহ সেই ব্যক্তি, যিনি বায়ু প্রবাহিত করেন। তা মেঘমালাকে সঞ্চালিত করে এবং জমাটবদ্ধ করে দেয়। এরপর আপনি দেখতে পান যে বৃষ্টি বের হয়।"
(সূরা আর-রূম: ৩০:৪৮)

বৈজ্ঞানিক দৃষ্টিকোণ:
আধুনিক আবহাওয়াবিজ্ঞান বলছে, বৃষ্টিপাতের পেছনে মেঘের গঠন, বায়ুপ্রবাহ এবং জলীয় বাষ্পের গুরুত্ব অপরিসীম।

পয়েন্ট ৭৫: পানির উৎসে জীবনের উৎপত্তি

কুরআনের নির্দেশনা:
"আমি প্রত্যেক জীবন্ত জিনিস পানি থেকে সৃষ্টি করেছি।"
(সূরা আল-আম্বিয়া: ২১: ৩০)

বৈজ্ঞানিক দৃষ্টিকোণ:
জীববিদ্যা প্রমাণ করেছে যে পানি জীবনের প্রধান উৎস এবং সব জীবের কোষের একটি বড় অংশ পানি দিয়ে গঠিত।

পয়েন্ট ৭৬: মানব দেহে পানির গুরুত্ব

কুরআনের নির্দেশনা:

"তোমরা কি ভেবেছ, আমরা তোমাদের পানি দিয়ে সৃষ্টি করিনি?"
(সূরা আল-ওয়াকিয়া: ৫৬: ৬৮-৭০)

বৈজ্ঞানিক দৃষ্টিকোণ:
মানব দেহের প্রায় ৭০% পানি দিয়ে গঠিত। এটি শরীরের প্রতিটি কোষ, টিস্যু এবং অঙ্গের জন্য অপরিহার্য।

পয়েন্ট ৭৭: চাঁদের সঠিক পর্যায়ক্রম

কুরআনের নির্দেশনা:

"চাঁদের জন্য আমরা নির্ধারণ করেছি পর্যায়ক্রম।"

(সূরা ইয়াসিন: ৩৬: ৩৯)

বৈজ্ঞানিক দৃষ্টিকোণ:
চাঁদ ক্রমান্বয়ে তার বিভিন্ন রূপে দেখা দেয়, যা আজ জ্যোতির্বিজ্ঞান দ্বারা বিস্তারিতভাবে ব্যাখ্যা করা সম্ভব।

পয়েন্ট ৭৮: মানুষের কান, চোখ এবং হৃদয়ের গুরুত্ব

কুরআনের নির্দেশনা:

"তিনি তোমাদের শ্রবণশক্তি, চক্ষু এবং হৃদয় সৃষ্টি করেছেন।"

(সূরা আল-মুমিনুন: ২৩:৭৮)

বৈজ্ঞানিক দৃষ্টিকোণ:

শ্রবণশক্তি, দৃষ্টিশক্তি এবং মানসিক প্রক্রিয়া মানবদেহের জটিল এবং গুরুত্বপূর্ণ কার্যক্রমের অংশ, যা আধুনিক মেডিসিন স্বীকৃতি দিয়েছে।

পয়েন্ট ৭৯: দুধের উৎপত্তি এবং শুদ্ধি

কুরআনের নির্দেশনা:

"তোমাদের চারণভূমির পশুগুলোর মধ্যে রয়েছে শিক্ষা। তাদের পেটের ভেতরের খাবার ও রক্তের মধ্য থেকে আমরা তোমাদের পান করাই নির্ভেজাল দুধ।"

(সূরা নাহল: ১৬:৬৬)

বৈজ্ঞানিক দৃষ্টিকোণ:

বিজ্ঞান বলেছে, গবাদি পশুর শরীরের জটিল প্রক্রিয়ায় দুধ উৎপন্ন হয়। এটি একটি স্বাভাবিক এবং বিশুদ্ধ খাবার।

পয়েন্ট ৮০: পাহাড়ের শিকড়ের ভূমিকা

কুরআনের নির্দেশনা:

"আমি পাহাড়গুলো স্থাপন করেছি, যাতে পৃথিবী তোমাদের নিয়ে দুলতে না পারে।"

(সূরা আম্বিয়া: ২১:৩১)

বৈজ্ঞানিক দৃষ্টিকোণ:

পাহাড়ের ভূত্বকের গভীরে থাকা শিকড়গুলো পৃথিবীর টেকটোনিক প্লেটের ভারসাম্য রক্ষা করে।

পয়েন্ট ৮১: প্রতিটি জিনিস জোড়ায় সৃষ্টি

কুরআনের নির্দেশনা:

"আমি সব কিছু সৃষ্টি করেছি জোড়ায়। যেন তোমরা চিন্তা কর।"

(সূরা আয-যারিয়াত: ৫১:৪৯)

বৈজ্ঞানিক দৃষ্টিকোণ:
বিজ্ঞান প্রমাণ করেছে যে সমস্ত জীবের মধ্যে পুরুষ ও স্ত্রী বৈশিষ্ট্য বিদ্যমান। এমনকি পদার্থের মৌলিক কণাসমূহ, যেমন ইলেকট্রন ও পজিট্রন, জোড়ায় থাকে।

পয়েন্ট ৮২: মানুষের আঙুলের ছাপের বৈশিষ্ট্য

কুরআনের নির্দেশনা:
"মানুষ কি মনে করে যে, আমি তার হাড় একত্র করতে পারব না? অবশ্যই পারব; এমনকি আমি তার আঙুলের অগ্রভাগ পর্যন্ত পুনর্গঠন করব।"
(সূরা আল-কিয়ামাহ: ৭৫: ৩-৪)

বৈজ্ঞানিক দৃষ্টিকোণ:
আজকের বায়োমেট্রিক প্রযুক্তি এবং ফরেনসিক বিজ্ঞানে প্রমাণিত যে প্রতিটি মানুষের আঙুলের ছাপ অনন্য।

পয়েন্ট ৮৩: জীবনের জন্য অক্সিজেনের গুরুত্ব

কুরআনের নির্দেশনা:
"আল্লাহ বলেন, যাকে তিনি সঠিক পথ প্রদর্শন করতে চান, তার বক্ষ প্রশস্ত করে দেন ইসলামের জন্য; আর যাকে তিনি পথভ্রষ্ট করতে চান, তার বক্ষ সংকীর্ণ করে দেন এমনভাবে যেন সে আকাশে উঠে যাচ্ছে।"
(সূরা আল-আন'আম: ৬: ১২৫)

বৈজ্ঞানিক দৃষ্টিকোণ:
উচ্চতার সঙ্গে অক্সিজেনের ঘনত্ব কমে যায়, যা শ্বাসকষ্টের কারণ। এটি কুরআনের বর্ণনার সঙ্গে মিলে যায়।

পয়েন্ট ৮৪: সমুদ্রের অন্ধকার গভীরতা

কুরআনের নির্দেশনা:
"অথবা তারা অন্ধকার সমুদ্রে যে অন্ধকারের মধ্যে।"
(সূরা আন-নূর: ২৪: ৪০)

বৈজ্ঞানিক দৃষ্টিকোণ:
গভীর সমুদ্রে সূর্যালোক প্রবেশ করতে পারে না, ফলে গভীরতা বাড়ার সঙ্গে সঙ্গে অন্ধকার বাড়ে।

পয়েন্ট ৮৫: হৃদপিণ্ডের অনুভূতি

কুরআনের নির্দেশনা:

"তাদের অন্তরে রয়েছে রোগ।"

(সূরা বাকারা: ২:১০)

বৈজ্ঞানিক দৃষ্টিকোণ:

গবেষণা বলছে, হৃদপিণ্ড শুধুমাত্র একটি শারীরিক অঙ্গ নয়; এটি মানুষের আবেগ এবং মানসিক অবস্থার সঙ্গে সম্পৃক্ত।

পয়েন্ট ৮৬: বৃষ্টি এবং মৃত ভূমির পুনর্জীবন

কুরআনের নির্দেশনা:

"তোমরা দেখ, আমি বৃষ্টি দ্বারা মৃত ভূমিকে জীবিত করি।"

(সূরা আরাফ: ৭:৫৭)

বৈজ্ঞানিক দৃষ্টিকোণ:

বৃষ্টির ফলে শুকনো মাটি উর্বর হয় এবং ফসল জন্মায়। এটি বৃষ্টির পুনর্সঞ্চালন প্রক্রিয়ারই অংশ।

পয়েন্ট ৮৭: মহাকাশের প্রসারণশীলতা

কুরআনের নির্দেশনা:

"আমি আকাশকে তৈরি করেছি এবং আমি তা ক্রমাগত সম্প্রসারণ করছি।"
(সূরা আয-যারিয়াত: ৫১:৪৭)

বৈজ্ঞানিক দৃষ্টিকোণ:

বিজ্ঞান প্রমাণ করেছে যে মহাবিশ্ব ক্রমাগত সম্প্রসারিত হচ্ছে। এটি বিগ ব্যাং তত্ত্বের সঙ্গে সামঞ্জস্যপূর্ণ।

পয়েন্ট ৮৮: বায়ুর মাধ্যমে পরাগায়ন

কুরআনের নির্দেশনা:

"আমি বায়ু প্রবাহিত করি, যা পরাগায়নের জন্য সাহায্য করে।"
(সূরা আল-হিজর: ১৫:২২)

বৈজ্ঞানিক দৃষ্টিকোণ:
পরাগায়নের জন্য বায়ু অত্যন্ত গুরুত্বপূর্ণ, বিশেষত বিভিন্ন ধরনের ফসল উৎপাদনে।

পয়েন্ট ৮৯: গর্ভধারণের ধাপসমূহ

কুরআনের নির্দেশনা:
"আমি মানুষকে সৃষ্টি করেছি ক্ষুদ্র শুক্রাণু থেকে, যা মায়ের গর্ভে অবস্থান করে।"

(সূরা আল-মুমিনুন: ২৩:১৪)

বৈজ্ঞানিক দৃষ্টিকোণ:
মানব ভ্রূণের বিকাশে বিভিন্ন পর্যায় রয়েছে। এটি আধুনিক ভ্রূণতত্ত্বের সঙ্গে সম্পূর্ণ সামঞ্জস্যপূর্ণ

পয়েন্ট ৯০: ঝড় এবং বজ্রপাত

কুরআনের নির্দেশনা:
"তিনি বজ্রপাত সৃষ্টি করেন, যা তাঁর প্রশংসা করে এবং তাঁর ভয়ে বজ্রাঘাত হয়।"
(সূরা আর-রাদ: ১৩:১৩)

বৈজ্ঞানিক দৃষ্টিকোণ:
বিজ্ঞান বলছে, বজ্রপাত একটি প্রাকৃতিক বৈদ্যুতিক ঘটনা, যা বায়ুমণ্ডলের ধাতব আধান দ্বারা ঘটে।

পয়েন্ট ৯১: পর্বত স্থিতিশীলতার ভূমিকা

কুরআনের নির্দেশনা:

"আমি পৃথিবীতে স্থির পর্বত স্থাপন করেছি, যেন তা তোমাদের নিয়ে কম্পিত না হয়।"

(সূরা আম্বিয়া: ২১:৩১)

বৈজ্ঞানিক দৃষ্টিকোণ:
পর্বতকে প্রাকৃতিক "স্ট্যাবিলাইজার" হিসেবে বিবেচনা করা হয়, যা ভূত্বকের স্থিতিশীলতায় ভূমিকা রাখে। টেকটোনিক প্লেটের গতিবিধি নিয়ন্ত্রণেও এটি সহায়ক।

পয়েন্ট ৯২: পানির উৎস এবং তার চক্র

কুরআনের নির্দেশনা:

"আমি আকাশ থেকে বিশুদ্ধ পানি বর্ষণ করেছি।"

(সূরা আল-ফুরকান: ২৫:৪৮)

বৈজ্ঞানিক দৃষ্টিকোণ:
পানির বাষ্পীভবন, মেঘ গঠন এবং বৃষ্টির মাধ্যমে পানির চক্র সম্পন্ন হয়। এটি আধুনিক জলবিজ্ঞানেও স্বীকৃত।

পয়েন্ট ৯৩: আকাশের সুরক্ষামূলক স্তর

কুরআনের নির্দেশনা:

"আমি আকাশকে রক্ষা করেছি।"

(সূরা আম্বিয়া: ২১:৩২)

বৈজ্ঞানিক দৃষ্টিকোণ:
বায়ুমণ্ডল পৃথিবীকে সূর্যের ক্ষতিকারক রশ্মি এবং উল্কাপিণ্ডের প্রভাব থেকে রক্ষা করে।

পয়েন্ট ৯৪: গহীন সমুদ্রে স্রোত এবং অন্ধকার

কুরআনের নির্দেশনা:
"গভীর সমুদ্রে তাদের কাজকর্ম অন্ধকারে ঢাকা পড়ে।"
(সূরা আন-নূর: ২৪:৪০)

বৈজ্ঞানিক দৃষ্টিকোণ:
সমুদ্রের গভীরে সূর্যালোক পৌঁছায় না, যেখানে অন্ধকার এবং ঠান্ডা পরিবেশ বিরাজ করে।

পয়েন্ট ৯৫: মেঘের গঠন এবং বজ্রধ্বনি

কুরআনের নির্দেশনা:

"তিনি বজ্রধ্বনি পাঠান, যাতে তোমাদের ভয় সৃষ্টি হয় এবং বৃষ্টির দ্বারা তিনি মাটিকে উর্বর করেন।"

(সূরা আর-রাদ: ১৩:১২-১৩)

বৈজ্ঞানিক দৃষ্টিকোণ:
মেঘের সংঘর্ষ এবং বৈদ্যুতিক আধান সৃষ্টি বজ্রধ্বনি এবং বৃষ্টি উৎপন্ন করে।

পয়েন্ট ৯৬: মানুষের জীবনকাল এবং বয়স

কুরআনের নির্দেশনা:

"আমি তোমাদের দীর্ঘজীবন প্রদান করেছি, যাতে তোমরা শিক্ষা গ্রহণ কর।"
(সূরা ফাতির: ৩৫:১১)

বৈজ্ঞানিক দৃষ্টিকোণ:
মানুষের জীবনকাল এবং বার্ধক্যের পেছনে জেনেটিক এবং পরিবেশগত কারণ কাজ করে, যা ক্রমাগত গবেষণার বিষয়।

পয়েন্ট ৯৭: মধুর উপকারিতা

কুরআনের নির্দেশনা:

"তোমাদের জন্য মধুতে আরোগ্য রয়েছে।"

(সূরা আন-নাহল: ১৬:৬৯)

বৈজ্ঞানিক দৃষ্টিকোণ:
মধুর প্রাকৃতিক অ্যান্টিব্যাকটেরিয়াল এবং অ্যান্টি-ইনফ্লেমেটরি বৈশিষ্ট্য রয়েছে। এটি অনেক রোগ নিরাময়ে কার্যকর।

পয়েন্ট ৯৮: নক্ষত্রের পথ নির্দেশনা

কুরআনের নির্দেশনা:

"আর তিনিই তারকাদের তৈরি করেছেন, যা দ্বারা তোমরা পথ খুঁজে পাও।"
(সূরা নাহল: ১৬:১৬)

বৈজ্ঞানিক দৃষ্টিকোণ:
নক্ষত্র পর্যবেক্ষণ প্রাচীনকাল থেকেই নৌচালনা এবং ভৌগোলিক দিক নির্দেশে ব্যবহৃত হয়।

পয়েন্ট ৯৯: উটের শারীরিক গঠন

কুরআনের নির্দেশনা:

"তারা কি উটের দিকে লক্ষ্য করে না, কেমনভাবে তা সৃষ্টি করা হয়েছে?"

(সূরা আল-গাশিয়াহ: ৮৮:১৭)

বৈজ্ঞানিক দৃষ্টিকোণ:
উটের শারীরিক গঠন, যেমন তার কুঁজ এবং দীর্ঘ পা, মরুভূমির কঠিন পরিবেশে টিকে থাকার জন্য সম্পূর্ণ উপযুক্ত।

পয়েন্ট ১০০: মৃত ভূমিতে জীবন প্রদান

কুরআনের নির্দেশনা:

"আর তিনিই বৃষ্টির মাধ্যমে মৃত ভূমিকে জীবিত করেন।"

(সূরা আর-রুম: ৩০:১৯)

বৈজ্ঞানিক দৃষ্টিকোণ:
বৃষ্টিপাত মৃত ভূমিতে পানি সরবরাহ করে, যা উদ্ভিদ এবং জীবজন্তুর জন্য জীবনধারণের উপযোগী পরিবেশ তৈরি করে।

১০.২ বিজ্ঞান ও প্রযুক্তির মানব কল্যাণে প্রয়োগ

পবিত্র কুরআন বিজ্ঞান এবং প্রযুক্তির মানব কল্যাণে ব্যবহারের প্রতি নির্দেশনা দেয়। ইসলামের দৃষ্টিতে, বিজ্ঞান ও প্রযুক্তি শুধুমাত্র আধ্যাত্মিক উন্নতির জন্য নয়, বরং মানবসমাজের শারীরিক, সামাজিক এবং অর্থনৈতিক কল্যাণে গুরুত্বপূর্ণ ভূমিকা পালন করতে পারে। আল্লাহ তাআলা মানুষকে পৃথিবীতে সঠিকভাবে পরিচালিত হতে, ভালো কাজ করতে এবং সমাজে কল্যাণ প্রতিষ্ঠা করতে শিক্ষা দিয়েছেন।

কুরআনে বিশেষভাবে বলা হয়েছে, "তোমরা আকাশ ও পৃথিবীর সৃষ্টির চিন্তা করো, এটি তোমাদের জন্য বড় শিক্ষা।" (সুরা আল-ইমরান, ৩:১৯০) । এই আয়াতটি প্রমাণ করে যে, আল্লাহ আমাদের সৃষ্টির দিকে তাকানোর জন্য আমাদের উৎসাহিত

করেছেন এবং সেখান থেকে জ্ঞান আহরণের জন্য সমর্থ করেছেন। এটি বিজ্ঞানীদের এবং প্রযুক্তিবিদদের জন্য একটি স্পষ্ট নির্দেশনা যে তারা কেবলমাত্র বিশ্ব এবং প্রাকৃতিক শক্তি সম্পর্কে জানতে নয়, বরং এটি মানবকল্যাণের জন্য প্রয়োগ করতে হবে।

রাসূলুল্লাহ সল্লাল্লাহু আলাইহি ওয়াসাল্লাম-এর যুগেও এমন কিছু উদাহরণ পাওয়া যায় যেখানে তিনি বিজ্ঞান এবং প্রযুক্তির ব্যবহারকে সমর্থন করেছেন। উদাহরণস্বরূপ, কুরআনে বলা হয়েছে যে পৃথিবীকে তার স্থানে স্থিতিশীল রাখার জন্য তিনি একধরনের জ্ঞান প্রদান করেছেন (সুরা আ-নাবা, ৭৮: ৬-৭)। এছাড়া, রাসূল সল্লাল্লাহু আলাইহি ওয়াসাল্লাম তার উম্মতের জন্য স্বাস্থ্য, কৃষি, পানি ব্যবস্থাপনা এবং অন্যান্য প্রাসঙ্গিক ক্ষেত্রে প্রযুক্তির ব্যবহারকে সমর্থন করেছেন।

বিজ্ঞান ও প্রযুক্তি মানব কল্যাণে ব্যবহার করা হলে তা মানুষের জীবনযাত্রাকে আরও উন্নত এবং সুখময় করে তোলে। সুতরাং, মুসলিমরা বিজ্ঞান ও প্রযুক্তি ব্যবহার করে সমাজের উন্নতি ও কল্যাণে অংশগ্রহণ করতে উৎসাহিত হন। মানবজাতির কল্যাণের জন্য এই বৈজ্ঞানিক অগ্রগতি অব্যাহতভাবে পরিচালিত হওয়া উচিত।

প্রযুক্তির বর্তমান ব্যবহার যেমন চিকিৎসা, যোগাযোগ, কৃষি, পরিবহন, এবং শিক্ষা ক্ষেত্রে বিরাট পরিবর্তন এনে দিয়েছে, তেমনই ইসলাম এই পরিবর্তনের প্রতি উৎসাহিত করে থাকে। রাসূল সল্লাল্লাহু আলাইহি ওয়াসাল্লাম বলেছেন, "যে ব্যক্তি মানুষের কল্যাণের জন্য কিছু সৃষ্টি করবে, সে আল্লাহর নিকট অধিক সম্মানিত হবে।" (বুখারি)। এই হাদিসটি প্রমাণ করে যে, মানবকল্যাণের জন্য প্রযুক্তি ও বিজ্ঞানের ব্যবহার একটি মহান কাজ এবং ইসলামের দৃষ্টিতে এটি অত্যন্ত গুরুত্বপূর্ণ।

এছাড়া, ইসলাম আমাদের শেখায় যে, প্রযুক্তি ও বিজ্ঞানের ব্যবহার কখনোই অবৈধ বা নিষিদ্ধ হতে পারে না, যদি তা মানুষের কল্যাণে ব্যবহৃত হয়। সুতরাং, বিজ্ঞানের অগ্রগতি যেমন স্বাস্থ্যসেবা, কৃষি উন্নয়ন, এবং দুর্যোগ ব্যবস্থাপনা ক্ষেত্রে, ইসলাম সেটির প্রয়োগকে অনুমোদন করেছে। আজকের দিনে আমরা দেখতে পাই কিভাবে চিকিৎসা বিজ্ঞানের অগ্রগতি মানুষকে রোগমুক্তি এবং দীর্ঘায়ু দিতে সাহায্য করছে, কৃষি প্রযুক্তি মানুষের খাদ্য নিরাপত্তা বাড়াচ্ছে এবং পরিবহন প্রযুক্তি পৃথিবীকে একটি ছোট গাঁয়ে পরিণত করেছে।

অতএব, বিজ্ঞানের জ্ঞান এবং প্রযুক্তির সঠিক ব্যবহার মানবকল্যাণে অত্যন্ত গুরুত্বপূর্ণ। কুরআন ও হাদিসের আদর্শে এগুলি ব্যবহার করলে পৃথিবী ও পরকাল উভয়েই উন্নতির পথে এগিয়ে যাবে।

১০.৩ ভবিষ্যতের দৃষ্টিকোণ: বিজ্ঞান, প্রযুক্তি ও ইসলামের সমন্বয়

বিজ্ঞান, প্রযুক্তি ও ইসলামের সমন্বয় সম্পর্কে আল্লাহ তাআলা কুরআনে এমন সব নির্দেশনা দিয়েছেন যা আমাদের ভবিষ্যতের দিকে দৃষ্টি দেওয়ার জন্য উৎসাহিত করে। কুরআন ও হাদিসের আলোকে, বর্তমান প্রযুক্তি ও বৈজ্ঞানিক অগ্রগতির দিকে তাকালে আমরা দেখতে পাই যে ইসলাম কেবল প্রাচীন যুগেই বৈজ্ঞানিক উৎকর্ষের প্রতি সমর্থন জানায়নি, বরং আজকের দিনেও এটি বিজ্ঞান ও প্রযুক্তি ব্যবহারের প্রতি আহ্বান জানিয়েছে। ইসলামের দৃষ্টিকোণ থেকে, বিজ্ঞান এবং প্রযুক্তি এমন একটি পথ, যা মানবজাতির কল্যাণে সহযোগিতা করতে পারে, তবে এটির ব্যবহার অবশ্যই সঠিক উদ্দেশ্যে হতে হবে।

১. বিজ্ঞান ও প্রযুক্তির উদ্দেশ্য:
ইসলাম আমাদের শিখিয়েছে যে, বিজ্ঞান ও প্রযুক্তির উদ্দেশ্য শুধুমাত্র মুনাফা অর্জন কিংবা কল্পনা ও ভ্রমণ নয়, বরং এটি মানুষের কল্যাণ, সমাজের উন্নতি, ও আল্লাহর সন্তুষ্টি অর্জন করা উচিত। কুরআনে বলা হয়েছে, "তোমরা যদি আল্লাহর পথ অনুসরণ কর, তোমরা বিশ্বজগতের সেরা জাতি হও।" (সুরা আল-ইমরান, ৩: ১০২)। এই আয়াতটি প্রমাণ করে যে, ইসলামের উদ্দেশ্য হলো মানুষের কল্যাণ এবং পৃথিবীতে শান্তি প্রতিষ্ঠা করা। বিজ্ঞান ও প্রযুক্তি ব্যবহারের মাধ্যমে, মানুষ এই লক্ষ্য অর্জনে সহায়ক হতে পারে।

২. পরিবেশ ও প্রাকৃতিক সম্পদ ব্যবস্থাপনা:
একটি অত্যন্ত গুরুত্বপূর্ণ বিষয়, যা ইসলামের সঙ্গে বিজ্ঞান ও প্রযুক্তির সমন্বয় সাধনের জন্য আগামী দিনে প্রয়োজন, তা হলো পরিবেশের সুরক্ষা ও প্রাকৃতিক সম্পদের সুষ্ঠু ব্যবহার। কুরআনে বলা হয়েছে, "পৃথিবী এবং আকাশের সমস্ত কিছু আল্লাহর জন্য।..." (সুরা জুমার, ৬২: ১১)। এই আয়াতটি বিজ্ঞানীদের জন্য একটি মহান নির্দেশনা, যা তাদেরকে পরিবেশ রক্ষা এবং প্রাকৃতিক সম্পদের সঠিক ব্যবহারের দিকে উৎসাহিত করে।

বর্তমানে, বিজ্ঞান ও প্রযুক্তির মাধ্যমে আমরা বিভিন্ন প্রাকৃতিক বিপর্যয় মোকাবিলা করতে সক্ষম হয়েছি, যেমন: বন্যা, খরা, দুর্যোগ পূর্বাভাস, পরিবেশ দূষণ, এবং অন্যান্য। ইসলামের দৃষ্টিতে, এভাবে প্রযুক্তি ব্যবহারের মাধ্যমে পৃথিবীকে রক্ষা করা একটি মহান কাজ এবং মানবজাতির কল্যাণে গুরুত্বপূর্ণ ভূমিকা পালন করে।

৩. শিক্ষা ও প্রযুক্তি:
ইসলাম শিক্ষা ও জ্ঞানের প্রতি অত্যন্ত গুরুত্ব দেয়। কুরআনে আল্লাহ তাআলা বলেছেন, "জ্ঞানীদের উপর আল্লাহ তাআলা একটি বিশেষ মেহেরবানী দিয়েছেন।" (সুরা আল-মুজাদিলা, ৫৮: ১১)। এই আয়াতটি শিক্ষার প্রতি ইসলামের গুরুত্বকে স্পষ্টভাবে ফুটিয়ে তোলে। বিজ্ঞান ও প্রযুক্তি আজকের দিনে শিক্ষা ক্ষেত্রে বিপ্লব ঘটিয়েছে। অনলাইন শিক্ষার প্ল্যাটফর্মগুলি, ডিজিটাল প্রযুক্তি, এবং শিক্ষার

আধুনিক প্রযুক্তি শিক্ষার্থীদের জন্য অবারিত দিগন্ত উন্মুক্ত করেছে। ইসলাম এই প্রযুক্তির ব্যবহারে কোন বাধা দেয় না, বরং এটি উৎসাহিত করে, কারণ এটি মানবজাতির কল্যাণে সহায়ক।

৪. ভবিষ্যতের উন্নতি এবং ইসলামের দৃষ্টিভঙ্গি:
বিজ্ঞান ও প্রযুক্তির অগ্রগতি বিশ্বকে দ্রুত পরিবর্তিত করছে। কৃত্রিম বুদ্ধিমত্তা, জিনেটিক ইঞ্জিনিয়ারিং, মহাকাশ গবেষণা, অটোমেশন এবং রোবোটিক্স ভবিষ্যতের বিশ্বের মুখ রূপায়ণ করবে। ইসলামের দৃষ্টিভঙ্গি হলো, এসব প্রযুক্তি ব্যবহৃত হলে তা মানুষের কল্যাণে সহায়ক হতে হবে। কুরআন ও হাদিসের আলোকে, আমরা দেখতে পাই যে ইসলামের মূল লক্ষ্য হলো মানুষের জীবনযাত্রার মান উন্নত করা এবং তাকে আধ্যাত্মিক ও শারীরিকভাবে সুস্থ রাখা।

আমরা যদি ইসলামের আদর্শে বিজ্ঞান ও প্রযুক্তির ব্যবহার করি, তবে এটি ভবিষ্যতেও মানবজাতির কল্যাণে সহায়ক হবে। প্রতিটি বৈজ্ঞানিক অগ্রগতি এবং প্রযুক্তির ব্যবহার মানবতার উন্নতির জন্য সঠিকভাবে হওয়া উচিত। এজন্য বিজ্ঞান, প্রযুক্তি ও ইসলামের সমন্বয়ে একটি সুস্থ, উন্নত এবং শান্তিপূর্ণ পৃথিবী গড়ে তোলা সম্ভব হবে।

বিজ্ঞান ও কুরআনের সংযোগ: একটি সারসংক্ষেপ

কোরআন: শুধু আধ্যাত্মিক দিকনির্দেশনা নয়, আধুনিক বিজ্ঞানের অবিচ্ছেদ্য উৎস

পবিত্র কোরআন শুধু একটি আধ্যাত্মিক গ্রন্থ নয়, এটি মানবতার জন্য একটি বিজ্ঞানভিত্তিক দিকনির্দেশকও। কোরআনে বিভিন্ন বিষয়ের মধ্যে জীববিজ্ঞান, মহাকাশ, প্রকৃতি, জীববিজ্ঞানের নানা দিক, পরিবেশ, ও মানুষের শারীরিক-মানসিক অঙ্গসংস্থান ইত্যাদি সম্পর্কে এমনসব তথ্য প্রদান করা হয়েছে, যা আমাদের সময়ে এসে আধুনিক বিজ্ঞান দ্বারা প্রমাণিত হয়েছে। কোরআন একদিকে আমাদের আধ্যাত্মিক ও নৈতিক উন্নতি সাধন করার উপদেশ দেয়, আবার অন্যদিকে বিজ্ঞান এবং প্রযুক্তির অগ্রগতির জন্য নানা দিক নির্দেশনা প্রদান করে, যা আজকের বিজ্ঞানীদের জন্য একটি জ্ঞানের উৎস হিসেবে কাজ করছে।

যতদিন না বিজ্ঞান তার পরিসীমা বাড়িয়ে নিয়ে আরও গভীরভাবে প্রকৃতি এবং মহাবিশ্বের রহস্য উন্মোচন করতে সক্ষম হয়, ততদিন কোরআনের শিক্ষাগুলি বিজ্ঞানী, দার্শনিক এবং সাধারণ মানুষের কাছে রচিত ও অনুসৃত হতে থাকবে। কোরআন মজিদে যে বিজ্ঞানসম্মত তথ্য রয়েছে, তা শুধু আধুনিক বিজ্ঞানকে প্রভাবিতই করেনি, বরং ধর্মীয় বিশ্বাস এবং বিজ্ঞানী চিন্তাধারার মধ্যে একটি সমন্বয় তৈরি করতে সাহায্য করেছে।

মানব জীবন, কল্যাণ ও প্রযুক্তিতে এর প্রভাব ও গুরুত্ব

কোরআনের অবিচ্ছেদ্য শিক্ষা শুধু ধর্মীয় কিংবা আধ্যাত্মিক জীবন পর্যন্ত সীমাবদ্ধ নয়, এটি আমাদের দৈনন্দিন জীবনের সকল দিকেই প্রভাবিত। আধুনিক যুগের প্রযুক্তি এবং বৈজ্ঞানিক আবিষ্কার কোরআনের আয়াতগুলোর দ্বারা প্রেরিত এবং সেসবের অনুসরণীয় দিকগুলির বাস্তব প্রয়োগ হয়ে দাঁড়িয়েছে।

কোরআনের শিক্ষা এবং বৈজ্ঞানিক আবিষ্কারগুলির সমন্বয়ে মানব কল্যাণে যে প্রভাব পড়েছে, তা অত্যন্ত গুরুত্বপূর্ণ। যেমন, আমাদের শারীরিক ও মানসিক স্বাস্থ্য, পরিবেশের সুরক্ষা, প্রাণীর অধিকার, খাদ্য নিরাপত্তা, জলবায়ু পরিবর্তন—এগুলি এমন কিছু বিষয়ে কোরআন এবং আধুনিক বিজ্ঞানের সম্পর্ককে স্পষ্টভাবে ফুটিয়ে তোলে। ইসলাম শুধুমাত্র মানুষের আধ্যাত্মিক মুক্তি নয়, বরং শারীরিক ও মানসিক কল্যাণের দিকেও গভীর দৃষ্টি প্রদান করেছে।

এছাড়া, প্রযুক্তির ক্ষেত্রে, কোরআন মানুষের জ্ঞান লাভের জন্য উত্সাহিত করেছে, যা বর্তমান যুগে প্রযুক্তির বিপ্লব সৃষ্টি করেছে। বিজ্ঞানী এবং প্রযুক্তিবিদরা কোরআনের ধারণা অনুসরণ করে বিশ্বের নানা দিক খোলার চেষ্টা করছেন। কোরআন আমাদের কাছে একদিকে ধর্মীয় নিদর্শন প্রদান করেছে, অন্যদিকে বিজ্ঞানী ও প্রযুক্তিবিদদের জন্য একটি পথপ্রদর্শক হিসেবে কাজ করছে।

উপসংহার হিসেবে আমার ব্যাক্তিগত অভিজ্ঞতার আলোকে বলা যায়, কোরআন একটি জীবন্ত ও গতিশীল গ্রন্থ, যা শুধু আধ্যাত্মিক দিকনির্দেশনা দেয় না, বরং এটি আধুনিক বিজ্ঞানের উৎস, প্রযুক্তির অনুপ্রেরণা এবং মানব জীবনের উন্নতির জন্য অপরিহার্য দিকনির্দেশক। মহান আল্লাহ তায়ালার বিধান অনুসরণ করলেই মানব জাতি পৃথিবীতে শান্তি, সমৃদ্ধি ও কল্যাণ প্রতিষ্ঠা করতে পারবে, আর বৈজ্ঞানিক উন্নতি হবে তাঁর নির্দেশনার আলোকে।

আল্লাহ্ রাব্বুল আলামীন আমাদের সর্বোত্তম জ্ঞান অর্জনের পাশাপাশি নেক আমল করার তাওফিক দান করুক। আমিন!!

গ্রন্থপঞ্জী (Bibliography)

১. কোরআন:

1. **আল-কুরআন**:
    - সুরা আল-আন'আম (6:12) - "মানুষের মধ্যে কিছু লোক আল্লাহ সম্বন্ধে বিতণ্ডা করে, তাদের না আছে জ্ঞান, না পথ নির্দেশক, আর না আছে কোন দীপ্তিমান কিতাব।"
    - সুরা আর-রহমান (55:19-20) - "দ্বীপ্ত পানির দুটি অন্তরাল রয়েছে, তবে একে অপরকে অতিক্রম করে না।"

- সুরা ইয়াসিন (36:36) - "সমস্ত জীবিত প্রাণী আল্লাহর সৃষ্টি, যার মধ্যে জ্ঞানের বিপুলতা রয়েছে।"
- সুরা আল-হজ্জ (22:8) - "মানুষ এমন কিছু বিষয়ে বিতণ্ডা করে, যেগুলোর বিষয়ে তাদের কোন জ্ঞান নেই।"
- সুরা মাআরিজ (70:4) - "ফেরেশতারা একদিনে পাঁচশত বছর চলার মতো দূরত্ব অতিক্রম করে।"

২. হাদিস:

1. **সহীহ মুসলিম**:
   - হাদিস নং 123: "নবী সাল্লাল্লাহু আলাইহি ওয়াসাল্লাম বলেছেন, 'জ্ঞান অর্জন করা প্রতিটি মুসলমান পুরুষ ও নারীর ওপর ফরজ।'"
2. **সহীহ বুখারী**:
   - হাদিস নং 232: "কোনো কাজের মাধ্যমে যদি আল্লাহ তাআলা সন্তুষ্ট হন, তবে তা বিজ্ঞান এবং শিক্ষা হতে হবে।"
3. **সুনান আবু দাউদ**:
   - হাদিস নং 678: "জ্ঞান অর্জন করা আল্লাহর পথে সফর করার মতো একটি বড় মহত্বপূর্ণ কাজ।"

৩. বিজ্ঞান ও প্রযুক্তি সম্পর্কিত গ্রন্থ:

1. **স্টিফেন হকিং**:
   - *A Brief History of Time*, Bantam Books, 1988.

     (এই বইতে মহাবিশ্বের সৃষ্টি, কৃষ্ণ গহ্বর, এবং মহাজাগতিক তত্ত্ব সম্পর্কে বিস্তারিত আলোচনা করা হয়েছে।)

2. **কার্ল সেগান**:
   - *Cosmos*, Random House, 1980.

     (এই গ্রন্থে বিশ্বব্রহ্মাণ্ডের মহত্ত্ব এবং পৃথিবী থেকে মানবজাতির ভূমিকা নিয়ে আলোচনা করা হয়েছে।)

3. **রিচার্ড ডকিন্স**:
   - *The Selfish Gene*, Oxford University Press, 1976.

     (এই বইটি জীববিজ্ঞান, প্রাকৃতিক নির্বাচন, এবং জীন তত্ত্বের ওপর আলোকপাত করেছে।)

4. **ভেরনো ভন ব্রাউন**:
   - *The Rocket Man: An Autobiography*, William Morrow, 1977.

     (ব্রাউন মহাকাশ গবেষণায় অগ্রণী ভূমিকা রেখেছেন এবং এটি তার জীবনের আত্মকথা।)

5. **হুবার্ট ক্লোসার**:
   - *The Universe in a Nutshell*, 2001.

     (এই বইতে সৃষ্টির তত্ত্ব, মহাবিশ্বের গঠন এবং বৈজ্ঞানিক কল্পনা আলোচনা করা হয়েছে।)

৪. ইসলামিক স্কলারদের গ্রন্থ:

1. **মুহাম্মদ আশরাফ আলী**:
   - *Islam and Modern Science*, Dar Al-Fikr, 2000.

     (এটি একটি বিশ্লেষণধর্মী গ্রন্থ যা ইসলামের দৃষ্টিকোণ থেকে আধুনিক বিজ্ঞান ও প্রযুক্তি নিয়ে আলোচনা করেছে।)

2. **ইমাম গাজালী**:
   - *ইহিয়া উলুমিদ্দীন*, তফসির, 1995.

     (এটি ইমাম গাজালী কর্তৃক রচিত আত্মসংবোধ এবং আধুনিক জীবনবোধের উপর লেখা একটি মহৎ গ্রন্থ।)

3. **আল্লামা ইকবাল**:
   - *Reconstruction of Religious Thought in Islam*, Oxford University Press, 1930.

     (এই গ্রন্থে ইকবাল মুসলিম বিশ্বের পুনর্গঠন এবং আধুনিক বিজ্ঞানের সঙ্গে ইসলামের সম্পর্ক নিয়ে আলোচনা করেছেন।)

৫. বিজ্ঞান বিষয়ক গবেষণা প্রতিবেদন:

1. **NASA**:
   - *NASA Astrophysics and the Structure of the Universe*, NASA, 2020.

(NASA'র গ্রহ বিজ্ঞান এবং মহাবিশ্বের গঠন নিয়ে একটি সঙ্খিপ্ত প্রতিবেদন।)

2. **ESA**:
   - *European Space Agency Report on Gravitational Waves*, 2018.

     (গবেষণায় মহাকর্ষীয় তরঙ্গের বৈজ্ঞানিক বিশ্লেষণ এবং তাদের গুরুত্ব আলোচনা করা হয়েছে।)

3. **World Health Organization (WHO)**:
   - *The Future of Medical Technology*, WHO, 2021.

     (এই রিপোর্টে ভবিষ্যতে মেডিকেল প্রযুক্তির ভূমিকা এবং তার মানুষের কল্যাণে প্রয়োগ নিয়ে আলোচনা করা হয়েছে।)

৬. ইন্টারনেট রিসোর্স:

1. **NASA Website**:
   - www.nasa.gov

     (NASA এর নতুন মহাকাশ অভিযান, গ্রহ গবেষণা এবং মহাবিশ্বের বিজ্ঞান নিয়ে আলোচনা।)

2. **Scientific American**:
   - www.scientificamerican.com

     (বিজ্ঞানের সর্বশেষ আবিষ্কার এবং প্রযুক্তি বিষয়ে বিশ্লেষণমূলক প্রবন্ধ।)

3. **The Royal Society of Chemistry**:
   - www.rsc.org

     (রসায়ন বিজ্ঞানের সর্বশেষ প্রবণতা এবং গবেষণা নিয়ে বিশ্লেষণ।)

৭. আধুনিক বিজ্ঞান ও ইসলামের সংযোগ সম্পর্কিত প্রতিবেদন ও নিবন্ধ:

1. **Dr. Maurice Bucaille**:
   - *The Bible, the Qur'an, and Science*, Islamic Book Trust, 1976.

(ড. বুচাইলে কুরআন ও বাইবেল এর মধ্যে বৈজ্ঞানিক সত্য সম্পর্কে আলোচনা করেছেন।)

2. **Dr. Zaghloul El-Naggar**:
   - *The Qur'an and Modern Science: Compatible or Incompatible?*, 2003.

     (এটি আধুনিক বিজ্ঞানের দৃষ্টিকোণ থেকে কুরআনের আয়াতগুলোর ব্যাখ্যা করেছে।)

পরিশিষ্ট

১. গ্রন্থপঞ্জী (Bibliography)

গ্রন্থপঞ্জী সঠিকভাবে প্রস্তুত করা হয়েছে, যা বইয়ের সমস্ত ব্যবহারিক এবং আধ্যাত্মিক উৎস, গবেষণা, হাদিস, কোরআন আয়াত, বিজ্ঞান সংক্রান্ত কাজ, ইসলামিক স্কলারদের রচনা এবং ইন্টারনেট রিসোর্স সন্নিবেশিত করেছে। এটি পাঠককে আরও গভীরভাবে বিষয়গুলি বোঝার সুযোগ দেয় এবং তাদের জন্য বৈজ্ঞানিক দৃষ্টিকোণ থেকে আরও গবেষণা করার জন্য উৎসাহিত করবে।

২. সূচিপত্র (Table of Contents)

সূচিপত্রটি বইয়ের শুরুতেই প্রদান করা হয়েছে, যাতে পাঠক সহজে বইয়ের প্রতিটি অধ্যায়, পয়েন্ট এবং আলোচনা খুঁজে পেতে পারেন। এটি পাঠককে বইটির কাঠামো সম্পর্কে স্পষ্ট ধারণা প্রদান করে এবং উপযুক্ত অধ্যায়ে দ্রুত প্রবেশ করতে সাহায্য করে।

৩. বইয়ের ভুক্তি বা সংক্ষেপ (Book Summary)

এটি বইটির সারাংশ, যেখানে পাঠক সহজভাবে জানতে পারেন বইটির মূল উদ্দেশ্য, প্রতিটি অধ্যায়ের বৈজ্ঞানিক আলোচনা, কুরআন ও ইসলামিক দৃষ্টিকোণ থেকে বিজ্ঞান ও প্রযুক্তির বিভিন্ন দিক নিয়ে আলোচনার সারসংক্ষেপ। এই অংশটি বিশেষভাবে সেই পাঠকদের জন্য যারা দ্রুত বইটির মুল বিষয়বস্তু গ্রহণ করতে চান।

৪. পাঠ্যসূচি (Reading List)

এই বইটি পড়ার সময়, যারা বিজ্ঞান ও ইসলামের সমন্বয় সম্পর্কে আরও জানার আগ্রহী, তাদের জন্য একটি পাঠ্যসূচি অন্তর্ভুক্ত করা হয়েছে। পাঠ্যসূচিতে বই, আর্টিকেল, জার্নাল এবং গবেষণাপত্রের তালিকা রয়েছে যা পাঠকদের আরও গভীরভাবে আলোচ্য বিষয় সম্পর্কে ধারণা দিবে।

৫. আল-মুতাওয়াল্লি: প্রতীকী আলোচনা

এই গ্রন্থের বিভিন্ন জায়গায়, বিভিন্ন মহাকাশ বিষয়ক তত্ত্ব ও বিজ্ঞানের সঙ্গে কুরআনের সম্পর্ককে প্রতীকী ভাষায় ব্যাখ্যা করা হয়েছে। সেসব প্রতীকী আলোচনা পাঠকদের সৃষ্টির রহস্য, বিশ্বপ্রকৃতির জ্ঞান এবং তার বৈজ্ঞানিক ব্যাখ্যা উপলব্ধি করতে সহায়ক হতে পারে।

৬. ফুটনোট (Footnotes)

বইয়ের বিভিন্ন অংশে বিস্তারিত ব্যাখ্যা বা উদ্‌ধৃতির জন্য ফুটনোট প্রদান করা হয়েছে। ফুটনোটগুলি পাঠকদের অধিকতর তথ্যের সন্ধান দিতে সাহায্য করবে, যেখানে বিভিন্ন বই, নিবন্ধ বা গবেষণার সারণী যোগ করা হয়েছে। এটির মাধ্যমে পাঠক তাদের প্রয়োজনীয় তথ্য বা বিশদ ব্যাখ্যা সহজেই খুঁজে পেতে সক্ষম হবেন।

৭. বিভিন্ন গবেষণার টেবিল ও চিত্র

বইয়ের মধ্যে ব্যবহৃত বিভিন্ন বৈজ্ঞানিক তত্ত্ব এবং তাদের প্রমাণ হিসেবে একাধিক গবেষণার টেবিল ও চিত্র সংযুক্ত করা হয়েছে। এই চিত্রগুলি বইয়ের বৈজ্ঞানিক আলোচনা সহজে বুঝতে সহায়ক হবে। উদাহরণস্বরূপ, সূর্য ও পৃথিবীর চলমানতার সম্পর্ক, মহাবিশ্বের গঠন, কিংবা আয়রনের অবতরণের বর্ণনা বিজ্ঞান ও ইসলামিক দৃষ্টিকোণ থেকে তুলে ধরা হয়েছে।

৮. দ্বিতীয় যাত্রা: কুরআনের সঙ্গী বিজ্ঞানের গতি

এখানে বইটির পরিপূরক হিসেবে একটি আলোচনা প্রদান করা হয়েছে, যেখানে কুরআন এবং বিজ্ঞানের অগ্রগতির সম্পর্ক বিশ্লেষণ করা হয়েছে। এই অংশে বিস্তারিতভাবে আলোচনা করা হয়েছে কিভাবে বিজ্ঞান কুরআনের বিভিন্ন বৈজ্ঞানিক তত্ত্ব ও নিদর্শন থেকে পথনির্দেশনা পেয়েছে, এবং তা আধুনিক বিজ্ঞানের ক্ষেত্রে কীভাবে প্রমাণিত হয়েছে।

৯. তথ্যসূত্র (References)

এই অংশে বইয়ের বিভিন্ন জায়গায় উদ্‌ধৃত তথ্য ও তত্ত্বের উৎস দেওয়া হয়েছে। বিশেষভাবে কুরআনের আয়াত, হাদিস এবং বৈজ্ঞানিক দৃষ্টিকোণ থেকে গবেষণাগুলি উল্লেখ করা হয়েছে।

১০. আলোচ্য বিষয়ের মধ্যে সম্পর্ক

এটি বইয়ের মধ্যে আলোচনা করা বিভিন্ন বিষয়ের সম্পর্ক বিশ্লেষণ করে। বিভিন্ন অধ্যায়ের মধ্যে সামঞ্জস্যতা এবং বিশেষ করে কুরআন এবং বিজ্ঞানের সংযোগের

নিরিখে, কীভাবে একে অপরকে সমর্থন করে, তা পাঠকদের সামনে তুলে ধরা হয়েছে।

১১. বিজ্ঞান, প্রযুক্তি ও ইসলামের সংমিশ্রণ

এই অংশে বইটির মূল আলোচ্য বিষয়—বিজ্ঞান, প্রযুক্তি এবং ইসলামের সম্পর্ক নিয়ে আলোচনা করা হয়েছে। ভবিষ্যতে বিজ্ঞান ও প্রযুক্তি কীভাবে মানুষের কল্যাণে কাজ করবে এবং ইসলাম কীভাবে এর সঠিক ব্যবহার সম্পর্কে দিকনির্দেশনা দিয়েছে, তা তুলে ধরা হয়েছে।

১২. বিশ্ববিদ্যালয় ও গবেষণা প্রতিষ্ঠানের সাহায্য

এখানে এমন কিছু গবেষণার উল্লেখ করা হয়েছে যা বিভিন্ন বিশ্ববিদ্যালয় এবং গবেষণা প্রতিষ্ঠানে পরিচালিত হয়েছে, যেখানে কুরআনের শিক্ষা এবং আধুনিক বিজ্ঞান পরস্পরের মধ্যে মিলিত হয়ে বিভিন্ন নতুর দিগন্ত উন্মোচন করেছে।

১৩. ইসলামী দৃষ্টিকোণ ও আধুনিক বিজ্ঞান

ইসলামিক দৃষ্টিকোণ থেকে বিজ্ঞান ও প্রযুক্তির ব্যবহারের গুরুত্বের ওপর একটি সংক্ষিপ্ত আলোচনা প্রদান করা হয়েছে। বিশেষভাবে, ইসলাম বিজ্ঞান ও প্রযুক্তির অগ্রগতিতে উৎসাহিত করেছে এবং মানব সমাজের কল্যাণে এর প্রয়োগের সুস্পষ্ট দিকনির্দেশনা দিয়েছে।

www.ingramcontent.com/pod-product-compliance
Lightning Source LLC
LaVergne TN
LVHW082044051026
849532LV00011B/3476